한일 통역과 번역

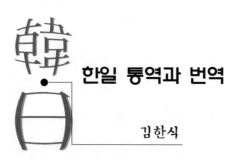

한일 통역과 번역

김한식

한국문화사

머 리 말

필자는 1984년 2월 한국외국어대학교 통역번역대학원 한일과를 졸업한 후 지금까지 국제회의통역, 각종 전문번역, NHK 뉴스 동시통역(KBS 뉴스를 일본어로 통역)과 같은 일들을 해 왔다. 또한 1990년부터는 모교인 통역번역대학원에서 시간강사로, 96년부터는 전임교수로서 후진 교육에도 힘써 왔다.

아직 통번역사나 교육자, 연구자로서 부족한 점이 많지만, 이쯤에서 한 번 지금까지의 경험이나 교육·연구 경력을 토대로 책을 써 보자는 용기를 내 보았다. 그 주된 이유는 다음과 같다.

한국에서 외국어를 공부하는 사람 가운데에는 영어 다음으로 일본어를 공부하는 사람이 많을 것이다. 그래서 시중에는 수많은 일본어 교재들이 제작, 판매되고 있는데 그 중 대부분은 초급자나 중급자를 대상으로 한 것들이다. 필자는 지금까지 전례를 찾아보기 힘든 일본어의 상급자 내지는 최상급자를 위한 책을 출판해 보고자 생각한 것이다.

구체적으로는 상당히 높은 수준의 일본어 구사 능력을 가지고 있으면서 장차 한일 통역사 또는 번역사를 지향하고 있는 사람들을 염두에 두고 이 책을 썼다. 그 중에는 이미 어떤 통역번역대학원에 다니고 있는 사람도 있을 것이고, 그러한 대학원 입학을 목표로 공부하고 있는 사람도 있을 것이다. 또한 이 책의 대부분의 내용은 이미 통역이나 번역을 직업으로 삼고 있는 사람들에게도 도움이 될 것이라고 생각한다. 그리고 한일 통역 및 번역 관련 교육 방안에 대한 필자의 연구조사 결과 및 주장을 소개함으로써 이 분야의 학술적 연구에 있어서도 조그마한 시사점을 제공하였으면 한다.

마지막으로 필자는 지금까지 여러 사람들 덕에 운 좋게 다양하고도 좋은 경험을 할 수 있었는데, 그 경험들이 초석이 되어서 이 한 권의 책을 출판할 수 있게 되었다. 그러한 의미에서 KBS 국제방송국 일본어반의 여러분, NHK 서울지국 관계자, EBS 일본어강좌 제작진 및 출연진, 한국외국어대학교 통역번역대학원 한일과의 여러 선후배 및 제자 등 모든 분들에게 진심으로 감사의 말씀을 전하고 싶다.

2003년 2월

김 한 식

차 례

제 2 장 번 역 편

제 3 장 통 역 편

제 1 장
공 통 편

제1절 일본어의 발음

한 외국어를 공부함에 있어서 가장 기본이 되는 것 중 하나가 발음이다. 발음 공부는 상급자에게 있어서는 너무 기본적인 것이라 별 재미가 없고, 더 고차원적인 공부를 하고 싶어 하는 경향이 있고, 또 상급자 정도 수준이 되면 자신의 일본어 발음은 아무 문제가 없는 것처럼 잘못 생각하고 있는 사람들이 의외로 많다.

일본어를 취미로 배우거나 직업으로 삼지 않는다면 발음의 정확성이 다소 떨어지더라도 큰 문제는 없을 것이다. 그러나 보다 수준 높은 일본어를 무기로 통역이나 번역을 직업으로 삼고자 한다면, 그 기초가 더욱 탄탄해야 한다. 어떤 일을 하든 그 분야에서 최고의 수준을 지향한다면 더더욱 기본에 충실해야 하는 법이다.

그리고 흔히 우리말의 발음은 그 종류가 다양해서 일본어의 모든 소리를 발음하는 데 어려움이 없는 것처럼 인식하는 경향이 있다. 일본어와 비슷한 소리가 우리말에 많은 것이 사실이기 때문에 이와 같은 인식이 완전히 틀린 것은 아니겠지만, 한국사람이 일본어의 모든 소리를 정확하게 발음한다는 것은 결코 쉬운 것이 아니다. 한국인 일본어 학습자에게 있어 특히 주의해야 할 발음들을 살펴보기로 하자.

1. 「清音」

「か行」, 즉 [か・き・く・け・こ]와 「た行」, 즉 [た・ち・つ・て・と]를 「清音」이라 하는데, 표현 그대로 이는 '맑은 소리'다. 이들 소리가 어두(語頭)에 왔을 때 현행 새한글 맞춤법의 일본어 표기법 상 한국에서는 [가, 기, 구, 게, 고][다, 지, 즈, 데, 도] 등으로 표기한다. 그래서 대부분의 신문이나 텔레비전의 자막, 각종 서적 등도 대체로 그 표기법을 따르고 있다.

그 영향을 받았기 때문인지 대부분의 일본어 학습자, 그 중에서 상급자라 할 수 있는 사람들도 일본어의 「清音(특히 어두의 청음)」을 [ㄱ/ㄷ/(ㅈ)]처럼 발음하는 것을 목격하게 되는데, 이는 결코 정확한 발음이라 할 수 없다. 한글 표기상으로는 한계가 있어 [ㄱ/ㄷ/(ㅈ)]로 표기하더라도 실제 일본어의 「清音」은 조금 더 강하고 맑은 소리를 내야 하는 것이다.

즉 우리말의 [ㄱ/ㄷ/(ㅈ)]와 [ㅋ/ㅌ/(ㅊ)]의 중간 정도의 음가를 가지고 있다고 생각하는 것이 바람직하다. 그런데 대부분의 일본어 학습자는 이미 [ㄱ/ㄷ/(ㅈ)]처럼 발음하는 것이 습관화되어 있는 경우를 상당히 많이 보게 된다. 특히 「(~する)こと」「これ」「わたし」 등의 말은 상당히 자주 사용하는 표현들인데, 이것을 [고도][고레][와다시]와 같이 잘못 발음하는 사람이 많다.

앞으로는 [ㅋ/ㅌ/(ㅊ)]처럼 발음한다는 생각으로, 의식적으로 조금 더 강하게 발음하는 것이 원래 일본어의 정확한 발음에 가까워질 수 있는 방법이 될 것이다.

2. 「濁音」

[が・ぎ・ぐ・げ・ご]와 [だ・ぢ・づ・で・ど], [ざ・じ・ず・ぜ・ぞ] 그리고 [ば・び・ぶ・べ・ぼ]를 「濁音」이라 하는데, 이는 '탁한 소리'라는 뜻이다. 이들 소리에 대해서는 한글로 [ㄱ/ㄷ/ㅈ/ㅂ]로 표기하는데, 유성음화되지 않았을 때의 [ㄱ/ㄷ/ㅈ/ㅂ] 소리는 일본어의 「濁音」과 같은 소리가 아니다.

이론적으로 설명하자면 [ㄱ/ㄷ/ㅈ/ㅂ]는 발성할 때 입을 벌림과 동시에 성대가 진동하는 데 반해, 「濁音」은 입을 벌리기 조금 전부터 이미 성대가 진동한다[1]는 점에서 분명한 차이가 있다. 그렇기 때문에 실제로 조금만 귀기울여 들으면 분명히 다른 소리로 들린다. 또한 앞에서 설명한 「清音」은 입을 벌린 잠시 후에 성대가 진동한다는 것이다. 따라서 우리말의 [ㄱ/ㄷ/ㅈ/ㅂ]는 일본어의 「清音」과도 다르고 「濁音」과도 다른 소리임을 명심해야 한다.

이러한 사실에도 불구하고 일본어 학습자 가운데 많은 사람들이 清音과 濁音 모두 우리말의 [ㄱ/ㄷ/ㅈ/ㅂ]로 발음해 버리는 경향이 있어 때에 따라서는 무슨 뜻인지 알아듣기 힘들 정도다. 물론 발음이 다소 부정확하더라도 전후 문맥 상 알아들을 수 있는 경우도 있다. 하지만 그러기 위해서는 듣는 사람이 많은 집중력을 필요로 하며, 겨우 이해할 수 있는 수준의 발음이라면 결코 원어민에 가까운 유창한 일본어처럼 들리지는 않을 것이다.

'濁音은 입을 벌리기 조금 전부터 이미 성대가 진동한다'고 했으므로, 처음에는 그렇게 연습하는 것도 하나의 방법이다. 즉 입을 다문 상태에서 [음-]하는 소리를 먼저 낸 다음 입을 벌리고 [が][だ][ざ][ば] 등으로 발음해 보는 것이다. 단어 차원이 아니라 濁音 하나 하나의 감각을 충분히 익힌 다음에 단어 차원의 발음 연습, 그리고 문장 차원의 발음 연습을 꾸준히 계속해 나가면 조금씩 발음이 개선될 수 있을 것이다.

3. [ㄱ]

한국인에게 가장 어려운 일본어 발음 가운데 하나가 [ㄱ]발음이다. 이 소리를 정확하게 내기 위해서 주의해야 할 것은 윗니와 아랫니를 밀착시키고, 혀 끝에 힘을 주어 아랫니 뒤에 바짝 붙인 상태에서 발음해야 한다는 점이다. 윗니와 아랫니를 밀착시키지 않으면 [ㅉ]와 같은 발음이 되어 버리고, 혀 끝을 아랫니 뒤에 바짝 붙이지 않고 입안에서 떠 있는 상태에서 발음하면 [ㅆ]와 같은 소리가 되고 만다.

이 경우 역시 처음에는

① [ㄱ] 소리 하나만 정확하게 발음하는 연습부터 시작해서,
② [ㄱ]가 어두에 오는 단어의 발음 연습,
③ 그리고 어중이나 어말에 오는 단어의 발음 연습,
④ 나아가 [ㄱ] 소리를 포함한 단어가 들어 있는 문장의 발음 연습

이라는 식으로 난이도를 높여 나가는 것이 바람직하다. 어려운 것을 서둘러 연습하는 것보다 정확한 발성의 감각을 몸으로 충분히 익히는 자세와 인내가 필요하다.

4. [ザ/ズ/ゼ/ゾ]와 [ジャ/ジュ/ジェ/ジョ]

일본어의 어떤 발음이 잘 되고 안 되고는 한국인 학습자 중에서도 사람마다 상당한 차이가 있다. 그런데 필자가 지금까지 보아 온 상급자 학생들 중 가장 많은 사람이 바로 이 [ザ/ズ/ゼ/ゾ]의 발음이 정확하지 않아 어려움을 겪고 있다. 즉 [ザ]를 [ジャ]처럼, [ズ]를 [ジュ]처럼, [ゼ]를 [ジェ]처럼, 그리고 [ゾ]를 [ジョ]처럼, 또는 우리말의 [쟈/쥬/죠]로 발음

하는 경향이 있는 것이다. 그리고 이와는 반대로 [ジャ]로 발음해야 하는 상황에서 [ザ]처럼 발음하는 경우도 있다.

　이와 같은 과제를 극복하기 위해서는 먼저 [ザ]와 [ジャ], [ズ]와 [ジュ], [ゼ]와 [ジェ], [ゾ]와 [ジョ]를 정확히 구분해서 듣는 능력부터 키워야 한다. 일본어 뉴스 등을 들을 때 내용을 이해하는 것도 중요하지만, 이들 소리를 일본인 아나운서들이 어떻게 발음하는지에 대해서도 귀기울여 듣고, 그 감각을 간접적으로라도 배울 필요가 있다. 그리고 [ザ/ズ/ゼ/ゾ]와 [ジャ/ジュ/ジェ/ジョ]를 발음할 때는 입 모양도 물론 다르지만, 혀의 끝 부분을 아랫니 뒤에 밀착시켜야만 [ザ/ズ/ゼ/ゾ]를 정확하게 발음할 수 있다는 점도 명심하기 바란다.

5. [ち][じ]

　한국인 학습자들이 이 발음이 잘 안 된다는 이야기는 별로 못 들어 보았을 것이다. 초급자 내지는 중급자가 구사하는 일본어에서는 특별히 문제될 정도는 아니겠지만, 이 발음 역시 조금만 신경 써서 들어 보면 정확하지 않은 경우가 의외로 많다.

　즉 많은 사람들이 [チ]발음을 [ツィ]처럼 하고, 또 [ジ]발음도 [ズィ]처럼 해 버리는 경향이 있다. 그 이유는 입을 충분히 옆으로 크게 벌리지 않고 발음하거나, 또는 [ツ]나 [ズ]소리를 먼저 낸 다음에 입을 옆으로 벌리기 때문이다. 따라서 [ち][じ]를 제대로 발음하려면 소리가 나기 시작하는 순간부터 충분히 입을 옆으로 크게 벌여서 발성하는 것이 중요하다. 그러나 매사가 그렇듯이 너무 힘이 들어간 상태에서 발음을 하게 되면 오히려 부자연스러운 소리가 나기 때문에, 발음에 유념하면서도 지나치게 긴장하지 않고 가볍게 소리를 내는 것이 바람직하다.

6. [ㄴ][ㄱ][ㅡ(長音)]

이들 소리는 항상 다른 소리 뒤에서만 존재하며 단독으로 사용되거나, 또는 어두에 올 수는 없다. 그래서 이들 소리를 가리켜서 「特殊音」이라고도 한다. [ㄴ]과 [ㄱ]는 우리말의 받침처럼 발음하면 되고 [ㅡ(長音)]은 길게만 발음하면 되기 때문에 별 어려움이 없고 또 자신의 발음에 문제가 없다고 생각하는 사람이 많다. 그러나 진정한 일본어 상급자라 할지라도 이들 발음을 제대로 하는 사람은 드물 정도로 쉽지 않은 측면이 있다.

우리말의 [홍]과 일본어의 [ホン(本)]은 같은 발음일까? 그렇지 않다. [홍]은 [호]와 [ㅇ]을 동시에 발음하는 하나의 소리임에 반해 일본어의 [ホン]은 하나의 소리와는 다르다. [ン]은 단독으로 발음되지는 않지만 그 자체로 하나의 '拍'(はく:소리의 작은 단위로서 박자와 같은 것이라고 생각하면 된다.)를 가지고 있는 것이다.

노래 작곡을 할 때 [홍]은 하나의 음표로 표현되고, [ホン]은 [ホ]와 [ン]이 각각 하나씩 두 개의 음표로 표현되는 것이라고 이해하면 될 것이다. 그래서 [ホン(本)]을 발음할 때는 [ホ]는 높게 발음하고 [ン]은 낮게 발음하며, 따라서 정확하게 측정하면 발화지속시간도 우리말의 [홍]보다 길어진다.

그런데 한국사람들은 태어났을 때부터 받침 부분까지 합쳐서 하나의 소리로 발음하는 습관이 몸에 배어 있기 때문에 [ホン]에 대해서도 완전히 하나의 소리처럼 발음해 버리는 것이다. 또는 단어 차원의 발음을 따라하거나 천천히 발음할 때는 [ホン]을 제대로 두 개의 「拍」으로 발음하다가도 특별히 발음에 신경을 쓰지 않고 이야기를 계속하다 보면 역시 하나의 소리도 발음하는 버릇이 다시 나타나는 사람도 많다.

이와 같은 현상은 [ㄱ]와 [ㅡ(長音)]에 있어서도 마찬가지다. [ㄱ] 및 [ㅡ(長音)] 역시 그 자체만 단독으로 발성되는 일이 없지만, 다른 소리

다음에 연결되었을 때 하나의 「拍」을 갖는다.

[ん][っ][ー(長音)]과 같은 소리들도 각각 하나의 「拍」, 하나의 음표를 가지고 있다는 점을 잊지 말고, 앞소리와 합쳐서 하나의 소리로 발음하는 것이 아니라 이들 소리 자체도 하나의 소리라 생각하고 충분히 길게 발음하도록 주의하기 바란다.

한편 [っ]와 [ー(長音)]에 대해서는 이와 반대의 현상도 자주 나타난다. 다시 말해서 원래 促音이나 長音이 아닌 단어를 그렇게 발음해 버린다는 것이다. 자주 있는 예로서 [しています]를 [しっています]로, [わたし]를 [わたっし]로, [きて(来て)]를 [きって]처럼 잘못 발음하는 경우가 많다. 일본인들이 이와 같은 발음을 듣게 되면 어색함을 느낄 것이며, 잘못된 促音 삽입은 일본어 초보자라는 인상을 주기 마련이다. 이 현상은 특히 [た行] 앞에서 빈번하게 발생하는 경향이 있으므로 각별한 주의가 필요하다고 하겠다.

또한 [こうど]를 [こうどう]로, [そうご]를 [そうごう]로, [~ます]를 [~まーす]처럼 발음하는 경우도 종종 있어 경우에 따라서는 다른 단어처럼 들리기도 한다. 무슨 뜻인지 알아듣는다고 하더라도 원래 短音을 長音으로 발음하면 전반적으로 늘어지는 느낌을 주고 만다.

제2절 일본어의 악센트

이 세상의 모든 언어는 반드시 어떤 부분을 강하게, 혹은 높게 발음하며, 다른 부분은 상대적으로 약하게(또는 낮게) 발음하게 된다. 만약 강약의 변화, 높낮이의 변화가 없다면 기계나 로봇이 하는 말로 밖에 들리지 않을 것이다.

영어처럼 어떤 음절을 다른 음절보다 강하게(또는 높게) 발음해야 한다는 규범성이 강해서, 그 악센트대로 발음하도록 약속되어 있는 언어도 많다. 반면에 한국어(특히 서울말)의 경우에는 발성한 결과로서 어떤 음절이 다른 음절보다 더 강하게(또는 높게) 들리기는 하지만, 처음부터 어느 단어는 어느 음절을 강하게(높게) 발음해야 한다는 규범성은 약하다고 할 수 있다. 그래서 영어는 악센트가 있는 언어이고, 한국어(서울말)는 악센트가 없는 언어로 분류된다.

일본어를 전공하고 있는 학생들 중에는 한국어처럼 일본어(東京語)에 있어서도 특별히 정해진 악센트가 없다고 생각하는 사람도 많은 것 같다. 그러나, 이것은 물론 크게 잘못된 오해이다.

여기서는 한국의 일본어교육에서 지금까지 별로 관심을 기울이지 않았던 악센트에 초점을 맞추어, 일본어 악센트의 특징과 법칙 등에 대해서 간단히 정리를 하고 한국인 학생(서울 출신)의 일본어 악센트에는 어떤 문제점과 경향이 있으며, 나아가 그것을 교정하기 위해서는 어떠한 방법들이 있는지에 대해 살펴보고자 한다.

1. 일본어의 악센트 관련 용어

일본어의 악센트에 관한 이야기를 하려면 기본적인 관련 용어에 대한 설명이 필요하다. 먼저, 특히 중요한 몇 가지 용어에 대해서 간단하게 설명하도록 하겠다.

1) 拍(はく)

악센트를 이야기할 때의 소리의 작은 단위라 할 수 있으며, 박자와 같은 것이라고 생각해도 된다. 대체로 한 글자로 표기되는 소리는 하나의 拍을 이룬다. [ん(撥音)][っ(促音)][ー(長音)]과 같은 特殊拍은 단독으로 발음되지는 않지만, 다른 소리 다음에 이어져서 이들 역시 하나의 拍을 이룬다. 단 [きゃ][じゅ]와 같은 拗音은 두 글자이지만 합쳐서 하나의 拍으로 발음한다.

2) 악센트 부호

일본어의 악센트를 표시하는 부호에는 여러 종류가 있다. 일반적으로 가장 많이 사용되는 것은 낮게 발음되는 소리 위에는 아무 표시를 하지 않고, 높게 발음되는 소리 위에 줄을 그어 표시하는 방식이다. 그 줄이 꺾이면 다음 소리는 낮아진다는 뜻이고, 꺾이지 않으면 다음 소리(助詞 등)도 계속 높게 발음된다는 뜻이다.

例) ね(値)　　　　ね(根)
　　あか(赤)　　　あか(垢)　　　　はる(春)　　　　はる(貼る)
　　カメラ　　　　あつい(熱い・暑い)　あつい(厚い)　あるく(歩く)
　　けいざい(経済)　おしごと(お仕事)　べんごし(弁護士)
　　おとうと(弟)　　よこはま(横浜)　　いきます(行きます)
　　アクセント　　　おじいさん　　　　かたつむり　　うつくしい(美しい)

일반 「国語辞典」이나 「日韓辞典」에도 이것과는 다르지만 악센트에 관한 표시가 된 것이 있는데, 그 방식은 크게 다음 두 가지로 나누어진다.

첫째, 글꼴의 차이에 의한 악센트 표시가 있다. 이 방식에서는 높게 발음되는 부분을 진한 글씨로 표시한다.

例) シロ(白)　　シロ(城)　　カメラ　　ほそい　　よろめく
　　イギリス　　ものがたり　　わらわれもの　　うごきまわる

둘째, 숫자에 의한 악센트 표시이다. 즉 악센트의 핵(다음 항에 설명) 이 몇 번째 拍에 있는지 숫자로 표시하는 방식이며, 악센트의 핵이 없는 경우에는 0으로 표시한다.

例) つよい(強い)--2　　おとうと(弟)--4　　よこはま(横浜)--0
シーソー--1　ふしんにんあん(不信任案)--4　つきはなす(突き放す)--4

3) 악센트의 핵

악센트가 높은 段에서 낮은 段으로 하강하기 직전의 소리, 즉 마지막으로 높게 발음된 소리를 악센트의 핵(アクセントの核)이라 한다.

例) サッカー　　きのう(昨日)　　いもうと　　それ

위의 단어에서 악센트의 핵은 순서대로 "サ""の""と"에 있으며, "それ"에는 핵이 없다.

4) 악센트형(型)

東京語에서는 악센트의 유형(アクセントの型)이 크게 둘로 나누어진다.

(1) 平板型(へいばんがた)

악센트의 핵이 없는 단어. 즉 높은 段으로 상승한 후 끝까지 낮은 段으로 하강하지 않는 단어이다. 말 그대로 이 악센트형의 단어는 소리의 기복(높낮이의 변화)이 없고 평탄하게 들린다. 名詞가 平板型일 경우에는 그 다음에 이어지는 助詞 부분까지 높은 段이 유지된다.

例) かき(柿)　　あたま　　うしろがわ(後側)　　うちあける(打ち明ける)

(2) 起伏型(きふくがた)

악센트의 핵이 있는 단어. 핵의 위치에 따라 이를 다시 다음과 같이 분류할 수 있다.

① 頭高型(あたまだかがた) : 악센트의 핵이 단어의 첫 번째 拍에 있는 단어.

例) あき(秋)　　かとう(加藤)　　シンボル　　フィンランド

② 中高型(なかだかがた) : 악센트의 핵이 단어 중간의 拍에 있는 단어. 拍의 수가 많아지면 다시 「中1高型」「中2高型」「中3高型」등으로 나누어진다.

例)　　　　　　あなた　　　ひとり
「中1高型」-- あおもり(青森)　　おてんき(お天気)　　スウェーデン
「中2高型」-- ほたるび(蛍火)　　ゆきだるま　　にわかあめ(俄か雨)
「中3高型」-- ばいうぜんせん(梅雨前線)　　トランジスター

③ 尾高型(おだかがた) : 악센트의 핵이 단어(名詞)의 마지막 拍에 있는 경우. 名詞 다음 助詞는 악센트가 낮은 段으로 하강한다는 점에서 平板型과 다르다.

例) はな(花)　　やすみ(休み)　　おとうと(弟)

2. 東京語 名詞 악센트의 특징과 법칙

일본에는 지방마다 여러 방언이 있고, 악센트에 있어서도 몇 개의 型

으로 나누어지지만, 표준이 되는 것은 역시 東京語이다. 그 악센트의 큰 특징과 법칙을 정리하면 다음과 같다.

① 東京語의 악센트는 強弱악센트(stress accent)가 아니라 高低악센트 (pitch accent)이다. 즉, 소리의 강약에 의해서가 아니라 높낮이에 의해 변별기능을 발휘한다.

② 악센트의 "段(調素:toneme, 높이)"은 /高/와 /低/ 2段으로 나누어지 며, 그 사이에 /中/과 같은 다른 높이의 段은 존재하지 않는다.

③ 제1拍(단어의 첫 번째 소리)과 제2拍(단어의 두 번째 소리) 사이에 서는 반드시 /高/에서 /低/로, 또는 /低/에서 /高/로 악센트의 段이 변화한다.

④ 한 단어 내에서 한 번 높은 단에서 낮은 단으로 악센트가 하강하 면 다시 높은 단으로 상승하는 일이 없으며, 만일 그러한 경우에 는 두 단어처럼 들리고 만다.

東京語의 악센트에는 두 가지의 큰 기능이 있는 것으로 지적되고 있 다.「雨/アメ/」와「飴/アメ/」의 경우처럼 의미를 변별하는 기능과, 또 한 가지는「教会に行った/キョウカイニイッタ/」「今日買いに行った/キョウ カイニイッタ/」와 같이 文節의 시작을 나타내는 기능이다. 일반적으로 전자를「弁別機能」이라 하고, 후자를「統語機能」이라 하는데[2], 이 ④의 법칙과 ③의 법칙으로 인하여 악센트의「統語機能」이 발휘된다고 할 수 있다.

⑤ 하나의 拍은 하나의 段(調素)으로 이루어진다.
앞의 ③에서 언급한 바와 같이 악센트의 段은 원칙적으로 拍과 拍 사

이에서 변화하며, 하나의 拍 내에서 /高-低/ 또는 /低-高/로 바뀌는 일은
없다.

⑥ 명사의 악센트型은 拍의 수보다 하나씩 더 많다.

앞의 ②③④⑤의 법칙 등에 의해서 일본어의 악센트型은 그리 다양하
지는 않은 편이며, 결국 명사의 경우는 「N(拍의 수) + 1」만큼의 악센트
型이 존재한다.

⑦ 長音(ー), 撥音(ン), 促音(ッ)과 같은 特殊拍은 악센트의 핵이 되기
   어렵다.

3. 名詞의 악센트형별 구성 비율

앞에서 설명한 바와 같이 東京語에 있어서 명사의 악센트型은 각각
「N(拍의 수) + 1」만큼 존재하는데, 그 가운데에서 어떠한 型이 각각 어
느 정도의 구성 비율을 차지하는지에 대해 「日本語 発音アクセント辞典
NHK編」을 통해서 조사해 보았다.

조사 결과 <도표1>과 같은 구성을 이루고 있음이 밝혀졌으며, 또한
이 조사 결과와 관련해서 다음과 같은 특징을 지적할 수 있다.

① 1拍語와 2拍語에 있어서는 頭高型이 많다. 특히, 2拍語 중에서도
   漢語의 경우는 頭高型의 비율이 더욱 크다. 2拍語 전체에 있어서
   頭高型은 65.4%이지만, 漢語가 대부분인 「ら行」 단어에 있어서는
   頭高型이 90% 이상을 차지한다.

<도표 1> 名詞의 악센트型別 語彙數와 構成 比率(단위 : %)

	頭高	中1高	中2高	中3高	尾高	平板	合計
1拍語	157 (68.9)					71 (31.1)	228 (100)
2拍語	1,799 (65.4)				478 (17.4)	47.3 (17.2)	2,750 (100)
3拍語	4,910 (38.4)	729 (5.7)			780 (6.1)	6,367 (49.8)	12,786 (100)
4拍語	1,514 (7.0)	2,551 (11.8)	1,232 (5.7)		368 (1.7)	15,958 (73.8)	21,623 (100)
5拍語	330 (3.7)	1,184 (13.3)	4,703 (52.8)	436 (4.9)	134 (1.5)	2,120 (23.8)	8,907 (100)

② 3拍語와 4拍語에서는 平板型 악센트型이 많다. 특히 4拍語의 경우는 악센트型이 다섯이나 되는데, 그 가운데 平板型이 73.8%나 차지한다는 사실은 주목할만하다.

③ 5拍語에서 악센트型이 여섯이나 되는 가운데 中2高型의 52.8%는 상당히 큰 비중이며, 平板型의 23.8%도 결코 작은 비중은 아니다.

④ 尾高型은 2拍語의 17.4%를 제외하고는 소속어휘가 극히 적으며, 단어가 길어질수록 그 구성비율이 낮아진다. 특히, 외래어에 있어서는 拍數를 막론하고 尾高型은 존재하지 않는다.

⑤ 中高型은 5拍語에 있어서만 中2高型이 52.8%로 가장 많으나, 3拍語와 4拍語에는 그다지 많은 악센트型은 아니다.

또한, 일본어의 명사 중에는 4拍語가 제일 많다. 상당히 많은 漢語가 두 한자로 이루어지는데, 그 대부분이 4拍語라는 이유 등에 기인한다. 따라서, 소속어휘가 가장 많은 4拍語 가운데에서 약 4분의 3을 차지하고, 3拍語와 5拍語에서도 비교적 큰 비중을 차지하는 平板型은 명사에 있어서 극히 중요한 악센트型이라고 할 수 있다.

그리고, 일본어의 악센트는 시대에 따라 변화한다. 그 변화 중의 하나가 起伏型에서 平板型으로 변하는 平板化現象이다.[3] 이를테면, 옛날에는 「ヱイガ(映画)」로 발음되던 것이 최근에는 「ヱイガ」로도 발음되는 경우라든가, 과거에는 「ジドーシャ(自動車)」로 발음되던 것이 지금은 「ジドーシャ」로도 발음되는 경우 등이다. 그러므로, 앞으로도 平板型은 그 소속어휘가 증가하는 일은 있어도 감소하는 일은 없다고 볼 수 있다.

이러한 사실로 미루어 명사의 악센트 연습에 있어서는 平板型에 특히 많은 배려를 해야 할 것이다.

4. 한국인 학습자의 일본어 악센트에 대한 실태조사

일본어(東京語)의 악센트에는 이상과 같은 법칙과 특징이 있는데, 필자는 한국인 학습자들이 일본어를 말함에 있어서는 어떠한 경향이 나타나는지 살펴보기 위해 실태조사를 실시하였다.

30명의 서울 출신 일어일문학과 3학년 대학생에게 일본어의 짧은 문장들을 녹음하여 그 테이프를 제출케 한 다음, 명사와 조사 부분에 대해서만 어떠한 악센트型으로 발음되었는지 면밀히 분석하였다. 녹음케 한 내용은 1拍~5拍의 명사를 사용한 단문으로서, 각각 1拍語를 사용한 것 10문장, 2拍-12문장, 3拍-12문장, 4拍-15문장, 5拍-12문장, 총 61문장이며, 원래의 악센트型의 구성비율은 모두 균등해지도록 하였다.

또한, 이 과제물을 낼 때 "악센트에 주의하라"는 말은 일부러 하지 않았고, 학생들이 평소에 읽을 때와 똑같이 읽어서 녹음해 오도록 유도하였다. 그 결과는 <도표 2>와 같다.

<도표 2> 명사의 악센트형별 구성 비율과 한국인 학습자의 발음 결과

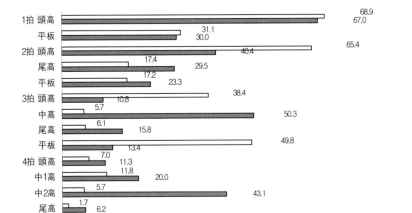

이 조사 결과에 나타난 경향으로서 다음과 같은 사항들을 지적할 수 있다.

① 전반적으로 보아 악센트가 틀린 경우에도 한 번 하강한 후에 다시 높은 段으로 상승하지 않는다는 법칙과 하나의 拍은 하나의 段으로 이루어진다는 법칙은 잘 지켜지고 있었다.

② 두 번째 拍에서는 반드시 악센트의 段이 변한다는 법칙은 일부 안 지켜지는 경우가 있었다. 그 오류의 형태로는 /低低~/보다 /高高~/로 발음되는 경우가 훨씬 더 많았으며, 특별히 긴 단어에서 이러한 오류가 많이 발생한 것은 아니고, 1~5拍語에서 비교적 골고루 나타났다.

③ 特殊拍은 악센트의 핵이 되기 어렵다는 법칙도 일부 지켜지지 않는 경우가 있었으며, 「オカ━サン」「ホンニン」과 같이 발음되기도 했다.

④ 단어가 길어질수록 악센트型이 하나씩 많아지기 때문에 정확한 악센트로 발음한 비율(정답률)이 낮아지는 것은 당연하지만, 전반적으로 그 비율이 결코 높다고는 할 수 없다.

이를테면 <도표 2>에서 보듯이 1拍語에서 원래 東京語의 악센트형별 구성 비율과 한국인 학습자가 발음한 결과 나타난 구성 비율은 거의 비슷하다. 그러나, 정확한 악센트로 발음한 비율(정답)은 59.6%에 불과하였다. 1拍語에서는 악센트型의 종류가 두 개 밖에 없다는 점을 감안한다면 이 숫자는 저조한 결과라고 보아야 할 것이다. 이는 다시 말해서 원래 頭高型인 단어를 平板型으로 발음하거나, 반대로 平板型인 단어를 頭高形으로 발음한 경우가 상당히 많았음을 의미한다.

⑤ 3拍語에서 실제 東京語는 中高型으로 발음되는 경우가 극히 드물지만, 한국인 학습자들은 中高型으로 발음한 경우가 제일 많아 큰 대조를 이루고 있다.

⑥ 4拍語에서는 원래 平板型이 압도적으로 많고 中高型의 소속어휘는 아주 적으나, 한국인 학습자들의 발음결과는 이와는 반대로 平板型이 적고 中高型, 특히 中2高型이 많다.

⑦ 5拍語에서 한국인 학습자는 中2高型과 中3高型으로 발음하는 경우가 많았다. 특히, 원래의 악센트형별 구성 비율과 비교하면 中3高型으로 발음하는 경향이 있다.

⑧ 이상 ⑤⑥⑦항의 결과를 종합하면, 3拍~5拍語에서는 뒤에서 두

번째 拍(까지)을 높게 발음하여 /~ōō/ 모양의 악센트형이 되는
경향이 있다.

원래 平板型은 東京語 특유의 악센트형이라고도 할 수 있으며, 한국
인이 아닌 다른 외국인들도 조사 부분까지 높은 段을 유지하는 것이 쉽
지 않다고 한다. 한국어의 경우도 조사는 어휘적 의미를 가지지 못하는
虛辭인 만큼, 발음에 있어 선행하는 체언보다 핏치가 낮아지는 경향이
있다[4]는 지적이 있듯이 이 점에 있어서 예외가 아니라 할 수 있다. 한국
어(서울말)는 고저악센트를 가지고 있다는 내용으로 발표된 정인섭
(1965) 등의 논문[5]에 예시된 단어들을 보더라도, 그 대부분이 일본어의
中高型이나 頭高型에 해당되고 平板型과 같은 악센트형은 찾아보기 어
렵다. 결국 이러한 사실들이 원인으로 작용하여 한국인 학습자들은 일
본어를 발성함에 있어서도 平板型이 잘 안되고 中高型化되어 버리는 것
으로 추측된다.

5. 악센트 연습 방법

필자가 실시한 실태조사를 통하여, 피험자들은 일본어를 정확한 악센
트로 발음하는 능력이 결코 높지 않다는 것이 확인되었다. 이는 지금까
지 일본어의 악센트교육이 제대로 이루어지지 않았기 때문에 당연한 결
과라고 해야 할 것이며, 이 점에 있어서는 실태조사의 대상이 되었던 30
명의 학생뿐 아니라 타 대학의 일본어 관련 학과 학생, 나아가서는 한국
에서 일본어를 공부하는 거의 대부분의 사람도 마찬가지일 것이다.
미즈타니(1981)는 그의 글 속에서 "……악센트까지 가르치지 않아도
된다는 생각은 음성교육을 하지 않아도 된다는 생각과 본질적으로 일치
한다."[6]라고 상당히 강한 어조로 악센트교육의 중요성을 강조하고 있다.

실태조사의 결과를 놓고 볼 때 필자 역시 이와 같은 주장에 전적으로 동조하는 바이며, 그러한 뜻에서 악센트 연습의 구체적인 방안을 몇 가지 제시해 보고자 한다.

① 우선 기본적인 자세로서 평소부터 악센트의 기본 개념, 중요 법칙 등에 대해 관심을 가질 필요가 있다. 일본어 학습이 진행되어 잘못된 악센트가 어느 정도 굳어진 상태에서는 그것을 교정하는 데 많은 시간을 요하게 되기 때문에 가능한 한 빨리 올바른 쪽으로 방향 전환을 하는 것이 바람직하다.

② 구체적인 악센트 연습을 실시함에 있어서 먼저 학습자들이 갖추어야 할 것이 音의 高低感覚이다. 이를 위해서는 그저 발음을 따라하는 식의 연습이 아니라, 네이티브 스피커의 정확한 발음을 악센트에도 유의하여 잘 듣도록 한다. 특히 초기단계에서는 중요한 단어에 대해서 만이라도 악센트 부호를 확인해서 스스로 그 표시를 하여, 音의 높낮이를 청각 뿐만 아니라 시각적으로도 확인할 필요가 있다.

③ 발음이 같으면서 악센트型이 다른 미니멀 페어를 많이 모아 충분히 악센트 연습을 하도록 한다.

例) はが(歯)　　　— はが(葉)

あめ(雨)　　　— あめ(飴)

かみ(神)　　　— かみ(紙)

はしが(箸)　　— はしが(橋)　　　— はしが(端)

けいじ(刑事)　— けいじ(掲示)

きのう(機能)　— きのう(昨日)

しんせつ(親切) — しんせつ(新設)

しょうにん(商人) ― しょうにん(証人) ― しょうにん(承認)

④ 여러 악센트型 중에서도 특히 平板型의 연습에 많은 신경을 써야 한다. 앞에서 언급한 바와 같이 전체적으로 보아 명사에는 平板型의 소속어휘가 많은데, 그럼에도 불구하고 실태조사의 결과 한국인 학생들은 平板型 발음이 잘 안 된다는 등의 이유 때문이다.

또한, 원래 起伏型인 단어를 平板型으로 잘못 발음했을 때보다 平板型을 起伏型으로 잘못 발음했을 경우에 일본인 청자에게는 더 큰 위화감을 준다고 한다.[7] 따라서 악센트 연습 시 단어 도중에 악센트의 핵을 두지 말고(높은 段에서 낮은 段으로 내려가지 않게) 자연스럽게 높은 段을 유지하도록 하는 平板型 발음의 연습에 보다 많은 시간을 투자할 필요가 있다.

구체적으로는 어떤 단어의 발음을 하지 않고 그냥 [アアア] [アアアア] 또는 [ララ라] [ララ라라]와 같이 소리내어 平板型 단어의 악센트 연습을 하는 방법이 있다. 짧은 것부터 시작해서 정확한 平板型 발성이 잘 되면, 拍의 수도 점점 늘려 나간다. 단어로 연습하면 아무래도 무의식중에 발음에도 신경을 쓰게 되어 그만큼 소리의 높낮이 조절이 어려워지기 때문이다.

⑤ 짧은 문장 따라하기

단어 차원에서 문장 차원으로 넘어간다. 일본어 교재에 달린 테이프 가운데 짧은 문장을 잘 듣고 악센트까지 그대로 모방한다. 만약 테이프에 따라하기 위한 포즈가 없으면 테이프를 멈춰서 발음을 하고 다시 테이프를 돌리는 식으로 연습해야 할 것이다.

⑥ 세도윙(shadowing)

일본어의 네이티브 스피커 등이 깨끗한 발음과 정확한 악센트로 이야기한 녹음 테이프 등을 잘 들으면서, 그 악센트를 모방하여 단어 한 두 개 정도의 시차를 두고 발성을 따라하는 연습법이다. 위의 ⑤번과 다른 점은 듣는 행위와 말하는 행위를 따로 따로 하는 것이 아니라 계속 들으면서 동시에 모방하면서 발음을 한다는 점이다.

이 경우 자신의 목소리가 듣는 것을 방해하면 안 되기 때문에 테이프 소리는 헤드폰으로 듣도록 해야 한다. 그러나 자신의 발음이 제대로 되고 있는지 어느 정도 확인을 할 필요도 있으므로, 소리의 상대적인 크기는 자신의 목소리가 1이라면 테이프 소리는 2정도의 크기로 들리는 상태에서 하는 것이 좋다.

셰도윙의 실례)

모범발성: 低気圧の影響で、関東甲信地方は山沿いのところどころで
학 습 자:　　　　　低気圧の影響で、関東甲信地方は山沿いのところ

모범발성: 雪が降っています。これから22日の明け方にかけて降る雪の
학 습 자: どころで雪が降っています。これから22日の明け方にかけて

모범발성: 量は、　関東甲信地方北部の山沿いで15センチ、
학 습 자: 降る雪の量は、関東甲信地方北部の山沿いで

모범발성: 南部の山沿いで5センチと予想されています。
학 습 자: 15センチ、南部の山沿いで5センチと予想されています。

셰도윙을 하는 도중 발음을 틀리거나 모범 발성보다 말이 느려 文節 하나 이상의 많은 시차가 벌어지는 경우도 있을 수 있다. 그럴 때에는 무리하게 문장 끝까지 모두 따라하려 하지 말고, 뒷부분은 생략해 버리고 다시 그 다음 문장의 처음부터 시작해도 무방하다. 여기서는 발음 하나 하나를 따라하는 것보다 정확한 악센트를 계속 들으면서 그것을 모방하는 데 주목적이 있으며, 시차가 너무 벌어지면 악센트의 모방이 어려워지기 때문이다.

셰도윙이란 원래 동시통역의 초기 연습단계에서 행해지는 훈련법 중하나였는데, 이것을 앞에서 소개한 실례와 같이 악센트 연습에 도입하게 되면 단어 하나 하나의 악센트뿐만 아니라 문장 전체의 인토네이션과 리듬 감각 등을 몸으로 익히는 효과가 있다.

그러나, 이 연습법은 결코 쉬운 것이 아니기 때문에 처음에는 가능한 한 속도가 느린 것을 모델로 따라 하는 것이 좋으며, 가능한 한 어렵지 않은 내용으로, 그리고 녹음된 내용을 문자로도 볼 수 있는 상황에서 연습하는 것이 바람직하다. 실제로 이 방법으로 꾸준히 연습을 계속한 결과 놀라울 정도로 큰 효과를 거둔 학생도 있다.

⑦ 이상과 같은 방법으로 악센트 연습을 계속한다 하더라도 자신의 악센트가 과연 맞는 것인지, 혹은 틀렸다면 어디가 잘못 되었는지 스스로 판단하기는 상당히 어렵다. 가끔씩 연습한 것을 녹음해서, 악센트 감각이 있는 일본인에게 들려주고 자문을 구하는 것이 좋을 것이다.

이러한 과정을 통해서 일본어의 악센트가 바로 잡힌다면, "単音의 발음이 부자연스럽다 하더라도 정확한 拍의 리듬, 정확한 악센트, 자연스러운 인토네이션으로 낭독된 것은 単音의 부자연스러움을 덜 느끼게 한다."라고 하는 가와구치의 주장[8]처럼 一石二鳥의 효과도 기대할 수 있게 된다.

6. 알아두면 유용한 악센트의 유형

이러한 방법으로 연습을 함에 있어서도 무작정 따라하는 것보다 기본적인 악센트의 유형 등을 알고 하는 것이 훨씬 효과적이다. 모든 단어의 악센트형을 일일이 다 기어하기는 어렵지만, 악센트 상의 어떤 규칙과 그에 따른 유형만 알아도 악센트의 연습과 교정을 하는 데 큰 도움이 될 것이다.

1) 복합어의 악센트

(1) 自立語 + 付属語(접미사 등)의 형태
① 平板型

다음과 같은 말(付属語, 접미사 등)이 自立語 다음에 연결되면 그 전체가 平板型 악센트가 되며, 뒤에 助詞가 연결되어도 악센트의 段은 하강하지 않고 높은 段이 유지된다. 따라서 이 경우에는 앞 부분의 自立語의 악센트형을 몰라도 무조건 平板型으로 발음하면 되는 것이다. 예외가 있기도 하지만 극소수에 불과하다.

例)

～的	せっきょくてき(積極的)	じつようてき(実用的)	せいようてき(西洋的)
～性	ごかんせい(互換性)	じゅうようせい(重要性)	しんらいせい(信頼性)
～製	がいこくせい(外国製)	かんこくせい(韓国製)	アメリカせい
～語	フランス語	イタリア語	アラビア語 ちゅうごくご(中国語)
～家	おんがくか(音楽家)	せいじか(政治家)	しそうか(思想家)
～科	しょうにか(小児科)	えいぶんか(英文科)	しゃかいか(社会科)
～化	ほんかくか(本格化)	いっぽんか(一本化)	きかいか(機械化)
～中	かいぎちゅう(会議中)	こんしゅうちゅう(今週中)	いちねんじゅう(一年中)
～場	うんどうじょう(運動場)	きょうぎじょう(競技場)	かいぎじょう(会議場)
～線	じょうえつせん(上越線)	とうかいどうせん(東海道線)	
	キョンイせん(京義線)	例外)しんかんせん(新幹線)	
～病	とうにょうびょう(糖尿病)	はっけつびょう(白血病)	しんぞうびょう(心臓病)

～用　こ￣どもよう(子供用)　　じょせいよう￣(女性用)　　シング￣ル用

～側　ひだ￣りがわ(左側)　　まどがわ￣(窓側)　　にほんがわ￣(日本側)

～色　みど￣りいろ(緑色)　　きいろ￣(黄色)　　きんいろ￣(金色)

～派　ほ￣しゅは(保守派)　　ちゅうど￣うは(中道派)　　なかそ￣ねは(中曾根派)

　* きょ￣うか(強化)　　こ￣せい(個性)　　げ￣んご(言語)

　이와 같은 단어는 「化」「性」「語」앞의 말이 단독으로 쓰이는 自立語
가 아니기 때문에 여기서 말하는 법칙이 적용되지 않았다.

　② 中高型
　다음과 같은 말이 自立語 다음에 연결되면 전체가 中高型 악센트가
되며, 악센트의 핵은 自立語의 마지막 拍에 놓인다. 단 自立語의 마지막
拍이 [ん][っ][ー(長音)]과 같은 特殊拍일 때는 악센트의 핵은 하나 더 앞
으로 이동한다.

　例)
　～会　いいん￣かい(委員会)　　こんだん￣かい(懇談会)　　さ￣わかい(茶話会)
　～市　よこは￣まし(横浜市)　　パリ￣市　　テジョ￣ン市　　プサ￣ン市
　～人　かんこ￣くじん(韓国人)　　ドイ￣ツ人　　イギリ￣ス人　　メキ￣シコ人
　　　　けいざ￣いじん(経済人)　　例外) にほ￣んじん(日本人)
　～川　しな￣のがわ(信濃川)　　ナイ￣ル川(河)　　アマゾ￣ン川(河)
　　　　あま￣のがわ(天の川/天の河)　　例外) え￣どがわ(江戸川)
　～員　かか￣りいん(係員)　　けんきゅ￣ういん(研究員)　　かんし￣いん(監視員)
　～間　いちね￣んかん(1年間)　　なんぼ￣くかん(南北間)　　こ￣っかかん(国家間)
　～機　ひこ￣うき(飛行機)　　コピ￣ー機　　けいさ￣んき(計算機)
　～局　ほうそ￣うきょく(放送局)　じょうほ￣うきょく(情報局)　とっきょ￣きょく
　　　　　　　　　　　　　　　　　　　　　　　　　　　　　　　　(特許局)
　～部　えいぎょ￣うぶ(営業部)　ほうが￣くぶ(法学部)　　うんど￣うぶ(運動部)

~室　じむしつ(事務室)　　しゃちょうしつ(社長室)　きひんしつ(貴賓室)

~者　さんかしゃ(参加者)　じえいぎょうしゃ(自営業者)　ようぎしゃ(容疑者)

~税　ちほうぜい(地方税)　　かんせつぜい(間接税)　　しょうひぜい(消費税)

~地　かんこうち(観光地)　　きゅうかんち(休閑地)　　ひしょち(避暑地)

~店　せんもんてん(専門店)　クリーニング店　　　　ようひんてん(洋品店)

~費　せいかつひ(生活費)　　こうつうひ(交通費)　　いんさつひ(印刷費)

~料　でんわりょう(電話料)　つうこうりょう(通行料)　にゅうじょうりょう
　　　　　　　　　　　　　　　　　　　　　　　　　　　(入場料)

　이밖에 다른 付属語(접미사 등)가 自立語에 연결되는 경우에도 아래와 같이 그 단어는 전체가 平板型, 또는 自立語의 마지막 拍에 악센트의 핵이 놓이는 中高型, 둘 중 하나가 된다. 한국 사람이 발음하면 付属語에 악센트의 핵을 두는 경향이 있지만, [自立語 + 付属語(접미사 등)]의 형태에서는 그와 같은 악센트형은 존재하지 않는다. 그렇게 잘못 발음된 악센트는 일본 사람이 들었을 때 큰 위화감을 느끼기 때문에 주의하기 바란다.

例)　틀린 악센트	옳은 악센트
かんせつてき(間接的)	かんせつてき
おおがた(大型)	おおがた
とうきょうゆき(東京行き)	とうきょうゆき
せいようふう(西洋風)	せいようふう
つごうじょう(都合上)	つごうじょう
かんこくじん(韓国人)	かんこくじん
おおさかわん(大阪湾)	おおさかわん
なごやえき(名古屋駅)	なごやえき
ひがししなかい(東シナ海)	ひがししなかい
がいむしょう(外務省)	がいむしょう

(2) 自立語(명사) + 自立語(명사)의 형태

이 형태를 취한 복합명사는 원래의 악센트형과는 달리 대부분 뒤에 연결되는 명사의 첫 번째 拍에 악센트의 핵이 놓이게 된다. 특히 두 명사간의 결합도가 강할수록 그 경향도 강해진다. 단 두 개의 명사가 원래의 악센트형을 유지하는 경우도 있고, 악센트형이 두 가지 존재하는 경우도 있다.

例)　원래 악센트 　　　　　　　　　　복합명사의 악센트

원래 악센트	복합명사의 악센트
じんこう(人工) + えいせい(衛星)	じんこうえいせい
こくさい(国際) + しゅうし(収支)	こくさいしゅうし
ぼうえき(貿易) + あかじ(赤字)	ぼうえきあかじ
けんこう(健康) + しんだん(診断)	けんこうしんだん
ひとで(人手) + ふそく(不足)	ひとでぶそく
しんぜん(親善) + しあい(試合)	しんぜんじあい
みつびし(三菱) + しょうじ(商事)	みつびししょうじ
なま(生) + ほうそう(放送)	なまほうそう
まど(窓) + ガラス	まどガラス
カラー + テレビ	カラーテレビ
フロッピー + ディスク	フロッピーディスク
かかく(価格) + はかい(破壊)	かかくはかい
きせい(規制) + かんわ(緩和)	きせいかんわ / きせい かんわ
つうこう(通行) + きんし(禁止)	つうこう きんし

2) 약어의 악센트

영어 등의 첫 글자를 딴 약어는 마지막 글자의 첫 번째 拍에 악센트의 핵이 놓인다. 이 경우도 예외는 극히 일부에 지나지 않는다.

例)　약어　　　　　악센트

IT　　　　　アイ・ティー

CD　　　　　シー・ディー

FA　　　　　エフ・エー

NGO　　　　エヌ・ジー・オー

IBM　　　　アイ・ビー・エム

IMF　　　　アイ・エム・エフ

NHK　　　　エヌ・エッチ・ケー

WTO　　　　ダブル・ティー・オー

WHO　　　　ダブル・エッチ・オー

ATM　　　　エー・ティー・エム

ICBM　　　アイ・シー・ビー・エム

IAEA　　　アイ・エー・イー・エー

例外) 약어이기는 하지만 아래와 같이 보통명사화된 단어 중 약간의 예외가
있다.

AM　　　　　エー・エム

FM　　　　　エフ・エム

OL　　　　　オー・エル

3)「〜しい」로 끝나는 형용사의 악센트

형용사의 악센트형은 명사에 비해서 다양하지는 않지만 활용을 하기
때문에 그만큼 어려움이 뒤따른다. 형용사의 악센트에 관해서 작은 법
칙이 여러 가지 있지만, 알기 쉬운 악센트의 유형을 한 가지만 소개하도
록 하겠다. 형용사 가운데「〜しい」로 끝나는 표현이 상당수 있는데, 악
센트의 핵은 거의 대부분「し」에 위치한다. 그 경우「〜しかった(です)」
「〜しくない」「〜しいです」로 변화해도 악센트의 핵은 이동하지 않는다.

例)
おしい　ほしい
うれしい　きびしい　こいしい　ただしい　たのしい　はげしい
うつくしい　たのもしい　もどかしい　みぐるしい　めずらしい
あつかましい　うらやましい　おしつけがましい

* あやしい / あやしい(怪しい), いやしい / いやしい(卑しい)와 같이
  두 가지 악센트가 인정되는 단어도 있다.

4) 기타 자주 사용되는 표현의 악센트

아래의 표현들은 동사의 連用形에 연결되어서 상당히 자주 쓰이는데,
동사의 원래 악센트형과는 무관하게 핵의 위치는 각각 「ま」「ま」「ま」
「せ」「せ」로 정해져 있다. 단, 「つうやくします」「くろうしました」 등
동작성을 지닌 한자어 명사에 「する」가 연결된 표현 가운데는 이에 해
당되지 않는 것도 있다.

例)
～ます : します　みます　いきます　のぼります　むかいます
～ました : きました　たべました　あそびました　ねむりました
～まして～ : おくれまして～　まいりまして～　なくなりまして～
～ません : いたみません　うつりません　まとまりません　おられません
～ませんでした : いませんでした　こられませんでした　よみませんでした

7. 정리

일본어 학습에 있어서의 말하기의 중요성은 날이 갈수록 증대되고 있

다. 일본어 학습자의 말하기 능력의 한 부분으로서 악센트에 관해 만약 그 수준을 구분한다면, ① 악센트가 실제 일본어와 너무 많이 틀려 청자가 알아듣기 힘든 경우, ② 알아듣기는 하지만 다소 귀에 거슬리거나 자연스러운 일본어답지 않은 경우, ③ 네이티브 스피커와는 다르지만 일본인이 들어도 귀에 거슬리지 않을 정도로 자연스러운 경우, ④ 악센트가 거의 정확하여 네이티브 스피커에 가까운 일본어를 구사하는 경우 등으로 나눌 수 있을 것이다.

학부 차원에서 일본어를 전공하는 학생이라면 ②단계 정도의 수준에 머물러도 될지 모르지만, 통번역사를 지향하는 사람이라면 적어도 ③단계 수준에는 도달해야 할 것이며, 나아가서는 ④단계 수준을 목표로 꾸준한 노력이 필요하다고 하겠다.

그렇게 되었을 때 한-일 통역을 듣는 일본인들도 위화감을 느끼지 않고 편안하게 들을 수 있는 일본어가 되며, 통역을 하는 본인도 더욱 자신감을 가지고 통역에 임할 수 있게 될 것이다.

제3절 상급자도 틀리기 쉬운 표현들

1. 한자어의 한-일 표현이 다른 경우

한국어에 있어서나 일본어에 있어서나 고유어(순수 우리말, 和語) 또는 외래어보다 한자어가 가장 많이 쓰이고 있어, 명사 중에서는 전체의 약 3분의 2가 한자어라고 한다. 한자어 가운데 대부분은 음만 바꾸어서 양 언어에서 같은 뜻으로 쓰이기도 한다. 이와 같은 이유로 일본어를 공부하는 대부분의 사람들은 모든 한자어를 음만 바꾸면 옳은 일본어가 되는 걸로 잘못 생각하는 경우가 많다. 또는 해당 한자어의 일본어 표현을 정확하게 몰라서 음만 바꾸어 사용해 버리는 경우도 있다.

따라서 일본어 실력이 상당히 좋은 상급자 내지는 최상급자들 사이에
서도 한국어와 일본어에서 서로 다른 한자어를 사용하는 표현에 대해서
는 틀리는 빈도가 상당히 높은 편인데, 여기서는 그와 같은 표현들을 수
집해 보았다. 다음 사례 중 일부는 한국어와 똑같은 한자어가 함께 사용
되는 경우도 있으나, 그 표현보다 여기에 제시된 표현들이 일반적으로
훨씬 많이 쓰인다.

<표현 사례>

한국어 표현	일본어 표현
가정법원(家庭法院)	家庭裁判所(かていさいばんしょ)
간암(肝癌)	肝臓癌(かんぞうがん)
감청(監聽)	傍受(ぼうじゅ)
갹출(醵出)	拠出(きょしゅつ)
개각(改閣)	内閣改造(ないかくかいぞう)
개원국회(開院國會)	特別国会(とくべつこっかい)
개헌(改憲)	憲法改正(けんぽうかいせい)
검찰총장(檢察總長)	検事総長(けんじそうちょう)
경치(景致)	景色(けしき)
계정(計定)	勘定(かんじょう)
고등법원(高等法院)	高等裁判所(こうとうさいばんしょ)
골다공증(骨多孔症)	骨粗鬆症(こつそしょうしょう)
공단(工團)	工業団地(こうぎょうだんち)
	cf)公団(こうだん)
공매도(空賣渡)	空売り(からうり)
교감(校監)	教頭(きょうとう)
교차로(交叉路)	交差点(こうさてん)
국제원자력기구(國際原子力機構)	国際原子力機関(こくさいげんしりょくきかん)

국제의원연맹(國際議員聯盟)	列国議会同盟(れっこくぎかいどうめい)
군계일학(群鷄一鶴)	鶏群の一鶴(けいぐんのいっかく)
기자재(機資材)	資機材(しきざい)
기후변화협약(氣候變化協約)	気候変動枠組み条約(きこうへんどうわくぐみじょうやく)
낙태(落胎)	中絶(ちゅうぜつ)
남녀노소(男女老少)	老若男女(ろうにゃくなんにょ)
납입자본금(納入資本金)	払込資本金(はらいこみしほんきん)
노사분규(勞使紛糾)	労使紛争(ろうしふんそう)
대검찰청(大檢察廳)	最高検察庁(さいこうけんさつちょう) 略)最高検(さいこうけん)
대량살상무기(大量殺傷武器)	大量殺戮(破壊)兵器(たいりょうさつりく(はかい)へいき)
대령(大領)	大佐(たいさ)
대마초(大麻草)	大麻(たいま)
대손충당금(貸損充當金)	貸倒引当金(かしだおれひきあてきん)
대법원(大法院)	最高裁判所(さいこうさいばんしょ) 略)最高裁(さいこうさい)
대변(貸邊)	貸し方(かしかた)
대변인(代辯人)	報道官(ほうどうかん)/スポークスマン
대리시험(代理試驗)	替え玉受験(かえだまじゅけん)
동남아시아국가연합(ASEAN)	東南アジア諸国連合(とうなんアジアしょこくれんごう)=アセアン
동서고금(東西古今)	古今東西(こきんとうざい)
도매(都賣)	卸売(り)(おろしうり)
등기(登記)-[우편]	書留(かきとめ)
매출액(賣出額)	売上高(うりあげだか)
멸종(滅種)	絶滅(ぜつめつ)
명예퇴직(名譽退職)	希望退職(きぼうたいしょく)/早期退職(そうきたいしょく)

명의개서(名義改書)	名義書換(めいぎかきかえ)
명함(名銜)	名刺(めいし)
모회사(母會社)	親会社(おやがいしゃ)
문의(問議)	問い合わせ(といあわせ)
미풍양속(美風良俗)	公序良俗(こうじょりょうぞく)
보강수사(補強搜査)	裏付け捜査(うらづけそうさ)
부실채권(不實債權)	不良債権(ふりょうさいけん)
분리수거(分離收去)	分別収集(ぶんべつしゅうしゅう)
불구속기소(不拘束起訴)	在宅起訴(ざいたくきそ)
비밀번호(秘密番號)	暗証番号(あんしょうばんごう)
사분기(四分期)	四半期(しはんき)
例)1분기/1사분기	第1四半期(だいいちしはんき)
산업재해(産業災害)	労働災害(ろうどうさいがい)
	略)労災(ろうさい)
상의(上衣)	上着(うわぎ)
상향조정(上向調整)	上方修正(じょうほうしゅうせい)
생화학무기(生化學武器)	生物化学兵器(せいぶつかがくへいき)
서식(棲息)	生息(せいそく)
선순환(善循環)	好循環(こうじゅんかん)
↔악순환	悪循環(あくじゅんかん)
세계보건기구(世界保健機構)	世界保健機関(せかいほけんきかん)
	=WHO
세계무역기구(世界貿易機構)	世界貿易機関(せかいぼうえききかん)
	=WTO
세무사(稅務士)	税理士(ぜいりし)
소령(少領)	少佐(しょうさ)
수갑(手匣)	手錠(てじょう)
수교협상(修交協商)	国交正常化交渉(こっこうせいじょうか こうしょう)
수율(收率)	歩留り(ぶどまり)

수표(手票)	小切手(こぎって)
순매도(純賣渡)-[주식 등]	売越し(うりこし)
순매수(純買收)	買越し(かいこし)
순산(順産)	安産(あんざん)
시가(始價)	始値(はじめね)
cf)시가(時價)	時価(じか)
시종일관(始終一貫)	終始一貫(しゅうしいっかん)
식수(食水)	飲用水(いんようすい)/飲み水(のみみず)
(혼인)신고(申告)	(婚姻)届(とどけ)
실물경제(實物經濟)	実体経済(じったいけいざい)
실종(失踪)-[재해나 사고로 인한]	行方不明(ゆくえふめい)
악재(惡材)	悪材料(あくざいりょう)
↔호재(好材)	好材料(こうざいりょう)
약사(藥師)	薬剤師(やくざいし)
약혼(約婚)	婚約(こんやく)
양서류(兩棲類)	両生類(りょうせいるい)
여성경찰(女性警察)	婦人警官(ふじんけいかん)
	略)婦警(ふけい)
연쇄추돌(連鎖追突)	玉突き衝突(たまつきしょうとつ)
예방(禮訪)	表敬訪問(ひょうけいほうもん)
온실(溫室)가스	温室効果(おんしつこうか)ガス
외상매입금(外上買入金)	買掛金(かいかけきん)
외상매출금(外上買出金)	売掛金(うりかけきん)
외채(外債)	対外債務(たいがいさいむ)
외화표시채권(外貨表示債券)	外貨建て債券(がいかだてさいけん)
외환(外換)	外国為替(がいこくかわせ)
	略)外為(がいため)
요격(邀擊)미사일	迎撃(げいげき)ミサイル
우대조치(優待措置)	優遇措置(ゆうぐうそち)
원자재(原資材)	原材料(げんざいりょう)

위협(威脅)	脅威(きょうい)
위협사격(威脅射擊)/경고사격(警告射擊)	威嚇射擊(いかくしゃげき)
유방암(乳房癌)	乳癌(にゅうがん)
유전자조작식품(遺傳子操作食品)	遺伝子組換え(組替え)食品(いでんしくみかえしょくひん)
은하수(銀河水)	天の川(あまのがわ)
cf)은하(銀河)	銀河(ぎんが)
이구동성(異口同聲)	異口同音(いくどうおん)
이물질(異物質)	異物(いぶつ)
이복형제(異腹兄弟)	異母兄弟(いぼきょうだい)
이산화황(二酸化黃)	二酸化硫黄(にさんかいおう)
이월금(移越金)	繰越金(くりこしきん)
이의신청(異議申請)	異議申し立て(いぎもうしたて)
cf)입회신청서	入会申込書(にゅうかいもうしこみしょ)
등록신청	登録申請(とうろくしんせい)
신청절차	申請手続き(しんせいてつづき)
인수(引受)-[기업 등]	買収(ばいしゅう)
인수-[증권 등]	引き受け/引受(ひきうけ)
인지(人指)	人指し指(ひとさしゆび)
인허가(認許可)	許認可(きょにんか)
일기도(日氣圖)	天気図(てんきず)
일기예보(日氣豫報)	天気予報(てんきよほう)
입주(入住)	入居(にゅうきょ)
자구노력(自救努力)	自助努力(じじょどりょく)
자금세탁(資金洗濯)	資金洗浄(しきんせんじょう)/マネーロンダリング
자동이체(自動移替)	自動引き落とし(じどうひきおとし)
자매결연(姉妹結緣)	姉妹提携(しまいていけい)
자율규제(自律規制)	自主規制(じしゅきせい)

전년대비(前年對比)	対前年比(たいぜんねんひ)/前年比(ぜんねんひ)
접수(接受)	受付け(うけつけ)
재공품(在工品)	仕掛品(しかかりひん)
재래식무기(在來式武器)	通常兵器(つうじょうへいき)
재할인율(再割引率)	公定歩合(こうていぶあい)
적금(積金)	積立て預金(つみたてよきん)
전형(銓衡)	選考(せんこう)
정기국회(定期國會)	通常国会(つうじょうこっかい)
정상참작(情狀參酌)	情状酌量(じょうじょうしゃくりょう)
정상회담(頂上會談)	首脳会談(しゅのうかいだん)
제조업체(製造業體)	製造業者(せいぞうぎょうしゃ)/メーカー
종가(終價)	終(り)値(おわりね)
종목(種目)-[주식 등의]	銘柄(めいがら)
주5일근무제(週五日勤務制)	週休二日制(しゅうきゅうふつかせい)
중령(中領)	中佐(ちゅうさ)
중앙당사(中央黨舍)	党本部(とうほんぶ)
중장년(中壯年)	中高年(ちゅうこうねん)
지문날인(指紋捺印)	指紋押捺(しもんおうなつ)
지방법원(地方法院)	地方裁判所(ちほうさいばんしょ) 略)地裁(ちさい)
지방자치단체(地方自治團體)	地方自治体(ちほうじちたい)
略)지자체(地自體)	自治体(じちたい)
직사광선(直射光線)	直射日光(ちょくしゃにっこう)
진범(眞犯)	真犯人(しんはんにん)
차변(借邊)	借(り)方(かりかた)
찬반(贊反)	賛否(さんぴ) 例)賛否両論(さんぴりょうろん)
창당(創黨)	結党(けっとう)

	/新党結成(しんとうけっせい)
초봉(初俸)/초임(初任)	初任給(しょにんきゅう)
최고가(最高價)	最高値(さいたかね)
최저가(最低價)	最安値(さいやすね)
최후통첩(最後通牒)	最後通告(さいごつうこく)
	/最後通牒(さいごつうちょう)
추경(추가경정)예산(追更豫算)	補正予算(ほせいよさん)
추곡수매가(秋穀收買價)	生産者米価(せいさんしゃべいか)
탈당(脱黨)	離党(りとう)
탈영병(脱營兵)	脱走兵(だっそうへい)
평생교육(平生教育)	生涯教育(しょうがいきょういく)
포기(抛棄)	放棄(ほうき)
폭설주의보(暴雪注意報)・경보(警報)	大雪注意報・警報(おおゆきちゅうい
	ほう・けいほう)
품귀(品貴)	品薄(しなうす)
하향조정(下向調整)	下方修正(かほうしゅうせい)
한반도(韓半島)에너지개발기구	朝鮮半島(ちょうせんはんとう)
(開發機構) = KEDO	エネルギー開発機構(かいはつきこう)
한의사(韓醫師)	漢方医(かんぽうい)
합당(合黨)	(〜党と〜党の)合同(ごうどう)
합석(合席)	相席(あいせき)
합의금(合意金)	示談金(じだんきん)
합작(合作)-[경제]	合弁(ごうべん)
	cf)映画の合作(がっさく)
핵무기(核武器)	核兵器(かくへいき)
(제네바)핵합의(核合意)	(ジュネーブ)枠組み合意(わくぐみごうい)
핵확산금지조약(核擴散禁止條約)	核拡散防止条約(かくかくさんぼうし
= NPT	じょうやく)/核不拡散条約(かくふかく
	さんじょうやく)
현금자동입출금기(現金自動入出金機)	現金自動預け払い機(げんきんじどうあ

= ATM	ずけばらいき)
호우주의보(豪雨注意報)・경보(警報)	大雨注意報・警報(おおあめちゅういほう・けいほう)
호재(好材)	好材料(こうざいりょう)
환승(換乘)	乗換え(のりかえ)
환적(換積)	積換え/積替え(つみかえ)
환전(換錢)	両替(りょうがえ)
환차손(換差損)	為替差損(かわせさそん)
환차익(換差益)	為替差益(かわせさえき)
황산(黃酸)	硫酸(りゅうさん)
황산화물(黃酸化物)	硫黄酸化物(いおうさんかぶつ)
활엽수(闊葉樹)	広葉樹(こうようじゅ)
cf)침엽수(針葉樹)	針葉樹(しんようじゅ)

2. [동작성 명사 + 되다]의 일본어 표현

한일 양국어에는 한자어 명사 가운데 동작성을 지닌 단어들이 많이 있다. 이들 단어 다음에 「하다」나 「되다」, 「する」나 「される」를 연결하면 동사로 쓰인다. 또한 대부분의 경우 「～하다」는 일본어로 「～する」로, 「～되다」는 「～される」로 표현하면 별 문제가 없다. 그러나 항상 「～하다」 → 「～する」, 「～되다」 → 「～される」로 표현해서 맞는다면 이들 표현 때문에 고생할 필요가 없는데, 문제는 그렇지 않은 경우도 꽤 있다는 데 있다. 그래서 일본어 구사능력이 상당히 뛰어난 사람도 모든 표현들을 무의식 중에 「～하다」 → 「～する」, 「～되다」 → 「～される」로 1 대 1 대응이 되는 것처럼 잘못 생각하고 어색한 표현을 하는 경우가 많다.

여기서는 특히 한국인 일본어 학습자들이 가장 틀리기 쉬운 유형, 즉 우리말로는 「～되다」(또는 「～하다」 양쪽으로 표현)라고 하지만 일본어

로는 「～される」라 하지 않고 보통 「～する」라고 표현하는 예들을 들어 보겠다.

다만 다음에 제시한 표현들 가운데는 상당히 애매한 표현이 있어서 원어민인 일본인도 때로는 정확하게 사용하지 못하는 경우가 있다. 애매한 표현을 아주 가끔 틀리는 정도라면 크게 걱정할 필요는 없겠으나, 이들 표현을 반복해서 틀린다면 그 일본어는 전체적으로 어색하고 부자연스럽게 느껴지고 만다. 실제로 일본어의 상급자, 심지어는 최상급자라 할 수 있는 사람도 이 부분에 있어 오류를 범하는 일이 종종 있으므로 평소부터 충분히 공부해 두어야 할 것이다.

이들 표현을 정확하게 사용하기 위해서는 많은 일본어의 글을 읽고 또 뉴스 등을 많이 들음으로써 그것들을 기억했다가 적절하게 사용할 수 있도록 하는 것이 하나의 방법이다. 그러나 수많은 표현들을 이 방법으로 익힌다는 것은 상당한 시간이 걸릴 것이며, 미쳐 익히지 못한 표현이 나왔을 때는 어떻게 표현해야 할지 판단이 어려워진다.

그럴 경우에 널리 사용되고 있는 사전이 도움이 된다. 동작성을 지닌 한자어 명사에 대해서는 「する」가 연결되었을 때 자동사로 쓰이는지(이 경우 보통 「ス自」 등으로 표시되어 있다), 또는 타동사로 쓰이는지(보통 「ス他」 등으로 표시) 표시되어 있는 사전이 많다. 예를 들어서 「普及(ふきゅう)」를 찾아보면 「ス自」로 나와 있는데, 이는 다시 말해서 「普及する」의 형태가 자동사이기 때문에 이 경우는 보통 「～される」의 꼴로는 쓰이지 않는다는 뜻이다. 「強化(きょうか)」와 같은 단어는 사전에 「ス他」로 나와 있어 타동사로 쓰인다는 뜻이다. 따라서 이 경우는 "～가(이) 강화되다"라고 할 때 일본어로도 「～が強化される」라고 표현하면 되는 것이다.

단, 「決定(けってい)」와 같은 일부 단어는 「ス自他」로 나와 있어 자동사와 타동사 양쪽으로 쓰이기도 한다.

또한 이 점에 있어서도 다음(제4절)에 설명하는 인터넷 검색을 통해

실제로 어떤 꼴로 사용되고 있는지, 어떤 꼴이 보다 많이 쓰이는지 확인
할 수 있어 큰 도움이 된다.

<표현 사례>

감염	ウィルスに感染した。
개막	大会が間もなく開幕する。
개통	新しい道路が開通した。
결렬	交渉がまたも決裂した。
결여	重要な要素が欠如している。
결항	台風のため飛行機が欠航した。
고갈	化石燃料はいつか枯渇する。
고도화	高度化した産業構造。
고립	その国だけが孤立している。
공동화	空洞化する産業構造。
공전	国会が1か月間空転している。
공통	それが共通した見解だ。
관계	多くの団体が関係している。
관련	本社が関連しているプロジェクト。
교차	喜びと悲しみが交差する。
굴절	屈折したエリート意識。
균형	プラスとマイナスが均衡した状態。
낙선	惜しくも落選した候補。
노후화	老朽化した生産設備。
누출	大量の油が漏出した。
누설	漏洩した国家機密。
다운	このコンピューターはすぐダウンしてしまう。
당선	みごと国会議員に当選した。
대두	大きな問題として台頭している。
대립	意見が対立している。 対立した見解。

도취	自分の歌に陶酔していた。
독립	独立した部署で働いている。
둔화	成長の勢いが鈍化する。
마모	タイヤがひどく磨耗した。
마비	大雪で交通が麻痺している。
만료	有効期間がすでに満了した。
만연	コンピューターウィルスが蔓延している。
무산	予定された集会が霧散した。
발각	いくつもの不正行為が発覚した。
발족	組織が新しく発足した。
발효	契約は来月から発効する。
변질	熱で成分が変質してしまった。
보급	インターネットが急速に普及した。インターネットを普及させる。
보편화	普遍化した価値観。
본격화	選挙運動が本格化している。
분열	党が２つの派に分裂している。
붕괴	挙党体制が崩壊した。
산적	大きな懸案が山積している。
상반	互いに相反(あいはん)する考え。
선행	マスコミの報道が先行した。
성립	新たな法案が成立した。
소멸	時効で権利が消滅する。
실추	信用が失墜してしまった。
악화	状態がさらに悪化しそうだ。
안정	いつも業績が安定している。
역전	情勢が突然逆転した。
열화	画質が少しずつ劣化する。
완결	ネット上で契約の締結が完結した。
완공	高速道路が完工した。
완료	準備はすでに完了している。

유산	流産しやすい体質。
유실	洪水のため橋が流失した。
유임	5人の大臣が留任した。
유입	外貨が急速に流入している。
유출	大量の油が流出した。
유통	偽の小切手が流通している。
일관	一貫した姿勢を崩さない。
일단락	事態がようやく一段落した。
일치	意見がほぼ一致した。
잠재	数多くの問題が潜在している。
저촉	法律に抵触する行為。
저하	業績が年々低下している。
전복	台風のため漁船が転覆した。
정체	梅雨前線が停滞している。
존속	会社は今後も別の形で存続する。
종결	戦争が終結した。 対立を終結させる。
종속	大国に従属する。
좌초	大型タンカーが座礁した。
준공	本社ビルが間もなく竣工する。
직결	国の利益に直結している。
진전	工業化が急速に進展する。
진행	計画が順調に進行している。
집중	人口が都市部に集中する。
침수	大雨で床上まで浸水した。
출토	遺物が大量に出土した。
충실	全ての面で充実している。 充実した日々。
충혈	徹夜をして目が充血した。
타결	マラソン交渉の末やっと妥結した。
탈락	進歩がなければ、すぐに脱落する。
통용	ドルはどの国でも通用する。

퇴화	退化した器官。 使わない器官は退化する。
파급	効果がどんどん波及する。
파멸	世界経済が破滅してしまう。
파손	大きく破損した機械。
파열	その容器は破裂しやすい。
판명	調べの結果、事実が判明した。
폐막	大会は5日後に閉幕する。
합치	消費者のニーズに合致した機能。
해당	該当する項目に記載する。
향상	生産性が一段と向上した。
확정	最高裁で有罪判決が確定した。
호전	状況は大きく好転している。
황폐	荒廃した土地。
회복	景気が徐々に回復している。

* <u>要注意</u>

이 점에 대해서 너무 신경을 써다 보면 반대로 「機能が強化される」와 같이 「～される」가 맞는데도 「～する」로 잘못 표현하는 경우가 발생하기도 한다. 지나친 과민반응이다. 위에 제시한 사례들은 어디까지나 예외적인 경우이며, 대부분의 표현들은 「～되다」면 「～される」로 표현하는 것이 맞다.

이밖에 「故障する」「成人する」「機能する」「バランスする」「特定する」「影響する」 등과 같이 한국어와는 또 다른 표현을 하는 경우도 일부 있다. 이들 표현이 쓰인 문장을 듣거나 읽었을 때 상급자 수준이면 누구나 그 뜻을 이해하겠지만, 그것으로 그치지 않고 어떤 문맥에서 어떻게 쓰였는지에 대해서도 기억해 두었다가 스스로 이들 표현을 적절하게 사용할 수 있어야 할 것이다.

제4절 인터넷 활용법

최근에는 일본어를 공부함에 있어서 과거와 같이 교재나 사전뿐 아니라 인터넷이라는 아주 편리한 도구를 이용할 수 있게 되었다. 재미나 취미 생활을 위해서 일본어 사이트에 접속하는 것도 간접적인 일본어 공부가 될 수 있으나, 상급자 수준에서 통역이나 번역 공부를 하는 데 보다 직접적인 도움이 되는 사이트를 간단히 소개하고, 효과적인 활용법에 대해서 알아보도록 하겠다.

1. 추천 사이트

1) 주요 신문사 사이트

読売新聞	http://www.yomiuri.co.jp
朝日新聞	http://www.asahi.com
毎日新聞	http://www.mainichi.co.jp
産経新聞	http://www.sankei.co.jp
日本経済新聞	http://www.nikkei.co.jp

일본의 시사문제를 제대로 이해하기 위해서는 주요 신문사의 홈페이지에 습관적으로 접속하는 것이 필수적이다. 또한 일반 대중이 주된 독자인 보통 일간지 외에도 경제 문제, 경제 관련 용어나 표현에 대해 보다 심도 있게 공부하기 위해서 경제신문사 홈페이지에 가끔 접속해 보는 것도 좋을 것이다. 무수히 존재하는 일본어 홈페이지 중에서도 신문사의 기사는 그 문장력과 표현 면에 있어 상당히 신뢰성이 높다고 할 수 있다.

위의 신문사 중 필자는 개인적으로 每日新聞 홈페이지에 비교적 자주 접속한다. 그 이유는 다른 신문사에 비해 과거 기사의 키워드 검색이 잘 되기 때문이다. 어떤 용어나 표현이 과거 기사 속에서 얼마나 많이, 어떤 문맥에서 사용되었는지 확인할 수가 있어 통역이나 번역, 또는 그 공부를 함에 있어서도 큰 도움이 될 것이다.

또한 産経新聞은 한국 관련 기사를 비교적 많이 보도한다. 한국에서 일어난 사건들에 대해서는 한국 신문에 더 자세하게 소개되겠지만, 일본어로는 어떤 표현을 사용해서 어떤 시각에서 보도하는지 확인할 수 있기 때문에 좋은 참고가 된다.

2) 주요 방송사 사이트

NHK	http://www.nhk.or.jp
NTV(日本テレビ)	http://www.ntv.co.jp
フジテレビ	http://www.fujitv.co.jp
テレビ朝日	http://www.tv-asahi.co.jp
テレビ東京	http://www.tv-tokyo.co.jp
CBS(中部日本放送)	http://hicbc.com
テレビ大阪	http://www.tv-osaka.co.jp

방송국 홈페이지 중에서 「뉴스」 메뉴는 일본의 최신 시사문제를 이해하는 데 큰 도움을 준다. 신문사의 경우처럼 아주 모범적인 문장으로 각종 사건을 보도하며, 구어체로 쓰여져 있다는 점에서 신문과는 또 다른 좋은 교재가 될 수 있다. 일본의 방송국 홈페이지에서는 한국처럼 많은 프로를 볼 수는 없지만, 뉴스 등 일부 내용에 대해서는 오디오와 비디오를 제공하고 있어 청취력 향상에도 도움이 될 것이다.

3) 首相官邸 http://www.kantei.go.jp

일본 총리의 공식 홈페이지. 총리의 활동과 관련된 각종 자료(일부 자료는 오디오와 비디오도 있음), 총리가 실제로 행한 연설문, 정부 발간 보고서나 통계자료 등을 접할 수 있다. 또한 [リンク集] 아래 「官公庁」를 클릭하면 일본의 모든 중앙정부기관 및 입법부, 사법부의 홈페이지에 접속할 수 있으며, 「報道機関」이라는 메뉴는 일본의 주요 7개 신문사와 2개 통신사로 연결되어 있다.

4) 「翻訳のためのインターネットリソース」 http://www.kotoba.jp

통역이나 번역을 함에 있어서 없어서는 안 될 도구 가운데 하나가 각종 전문분야의 용어사전인데, 이 사이트는 한 마디로 「無料で利用可能なオンライン辞書、用語集の総合的なリンク集」라고 할 수 있다.

경제, 법률, 교통, 의학, 환경, 건축/토목, 컴퓨터, 통신, 인문 등 다양한 범주를 망라한 수많은 온라인 사전들을 이용할 수 있다. 예를 들어서 "경제"라는 대범주 하에 다시 '경제일반', '금융/재정', '국제무역', '회계/세무', '상거래/계약', '자산운용', '경제통계', '저작권' 등등 세부적인 하위범주로 구분되어 각 분야의 온라인 용어사전이나 관련 사이트에 링크되게 되어 있다.

5) 「Yahoo 地域情報 - 郵便番号を探す」 http://local.yahoo.co.jp

일본어에서는 하나의 한자를 놓고 경우에 따라 다양하게 발음되기 때문에 항상 큰 어려움이 따르기 마련이다. 특히 지명과 같은 고유명사는 특이하게 읽는 경우가 많아서 일본인에게도 어려운 부분이다. 여러분도 한자로 쓰여진 어떤 지명을 보고 과연 어떻게 읽는지 고민해 본 적이 있을 것이다.

이럴 때 큰 도움을 주는 것이 「Yahoo 地域情報 - 郵便番号を探す」라고 하는 사이트이다. 원래 이 사이트의 목적은 우편번호를 찾기 위한 것이 지만, 본래의 목적 외에도 모든 지역명의 발음까지 알 수 있게 되어 있 다. 화면 왼쪽의 「地域を入れて郵便番号を探す」라는 검색창에 한자로 지 명을 입력해서 검색 버튼을 클릭하면, 일본 전국에 있는 해당 지명이 모 두 떠서 「ひらがな」로 그 발음까지 알려 준다.

한 예로 「本町」로 검색을 해 보면 어디서는 「ほんまち」라고 읽고, 어 디서는 「ほんちょう」라고 읽고, 또 어디서는 「もとまち」라고 읽는지에 대해서도 정확하게 확인할 수가 있다.

2. 인테넷을 이용한 용어 검색법

다음으로 인터넷을 통해서 어떤 용어가 어느 정도로 많이 사용되는지 검색하는 방법에 대해서 알아보자. 예를 들어 '실물경제'라는 용어를 일 본어로는 보통 어떻게 표현하는지 알아보기 위해 [Yahoo Japan(http:// www.yahoo.co.jp)]에서 '実物経済'라고 입력해서 검색하면 1,640개의 페 이지가 검색되었다는 결과가 뜬다([サイト検索]이 아니라 [ページ検索]). 다음으로 '実体経済'라고 입력해서 같은 방법으로 검색하면 10,300개라 는 숫자가 뜬다(검색엔진 「インフォシーク」 http://www.yahoo.co.jp에서 는 각각 364개와 2,005개). 즉 일본어로는 '実物経済'라는 용어보다 '実体 経済'라는 용어를 훨씬 더 많이 사용한다는 것을 확인할 수 있는 것이다.

물론 이와 같은 방법으로 검색 결과를 비교하기 위해서는 적어도 '実 体経済'라고 하는 표현이 있다는 사실을 알았을 때 가능한 것이지만, 두 가지 또는 그 이상의 표현 가운데 어느 것이 어느 정도로 많이 쓰이는 지에 대해서는 확인이 가능하다. 어떤 중요한 용어나 표현들을 사용할

때는 신중을 기해야 하는데, 이 방법을 통한 확인이 하나의 좋은 참고가
될 수 있을 것이다.

3. 인터넷을 이용한 표현 검색법

위와 같은 방법을 용어뿐만 아니라 표현에 대해서도 활용할 수 있다.
이를테면 우리말로 '~이 보급되다'라는 표현을 일본어로 '~が普及され
る'라고 하는지 '~が普及する'라고 하는지, 그 판단은 상급자에게도 결
코 쉬운 것이 아니다.

이럴 때 먼저 'が普及される'라고 입력, 검색을 해 보면 408개의 페이
지가 있다고 나오고, 'が普及する'라고 쳐서 검색하면 34,900개의 페이지
가 있다는 결과가 나온다. 408 대 34,900이라는 압도적인 차이가 난다고
한다면 '~が普及する'가 맞다고 보는 것이 마땅하다.

이 밖에도 예를 들어서 'に反対する'로 검색을 하면 153,000, 'を反対
する'로 검색하면 3,440이라는 결과가 나온다. 따라서 일본어로는 '~を
反対する'라는 표현보다 '~に反対する'라는 표현이 맞다는 사실도 확인
할 수 있다.

4. 인터넷 활용 시 유의해야 할 점

인터넷의 보급으로 인해서 우리는 과거에는 상상도 못했던 막대한 혜
택을 누리고 있는 것이 사실이다. 그러나, 한편으로는 홈페이지의 제작
과 개설도 상당히 쉬워져서 거의 아무런 제한 없이 원하는 사람이면 누
구나 할 수 있게 되었다.

그 결과 홈페이지에 올려진 컨텐츠의 내용이나 표현들도 검증 작업을
전혀 거치지 않으므로, 일본인이 일본어로 제작한 홈페이지라 할지라도

잘못된 표현들이 많다고 보아야 한다. 공적인 기관의 홈페이지뿐만 아
니라 한 개인, 또는 몇몇 사람들이 모여서 제작한 것들도 상당수 있기
때문이다.

또한 일본인이 아닌 한국인 또는 한국의 어떤 사적인 기관이 제작한
일본어 홈페이지도 꽤 많은데, 이들이 제작한 컨텐츠 역시 그 일본어 표
현은 신뢰성이 떨어진다.

예를 들어서 '檢察総長'라고 입력해서 검색해 보면 262개의 홈페이지
에서 이 단어가 사용되고 있다고 나오기는 하지만, 검찰청의 최고책임
자를 가리켜 일본어로는 일반적으로 '檢事総長'라고 표현한다.

따라서 검색되는 페이지의 수는 비록 많지 않더라도 보다 신뢰성이
있는 것들만 찾아서 확인하고 싶다면 [毎日新聞]과 같은 언론사 홈페이
지의 검색 기능을 이용하는 것이 좋을 것이다.

주

1) 이형재, 「한국인 일본어 학습자의 발음 습득 연구 -유성·무성 파열음을 중심으
   로-」, 『日本語文学 第9輯』 韓国日本語文学会(2000)
2) 大坪一夫, 「音声教育の問題点」, 『講座日本語と日本語教会3』, (明治書院:1990),
   p.31
3) 秋永一枝, 「共通語のアクセント」, 『日本語発音アクセント辞典 (改訂新版) 解説·
   付録編』, (日本放送出版協会:1993), p.111
4) 홍사만, 『한·일 대조어학 논고』, (서울:搭出版社,1985), p.28
5) 정인섭, 「우리말 악센트는 고저악센트다」, 『중앙대학교 논문집』 (1965)
6) 水谷修, 「外国語としての日本語」, 『ことばシリーズ10 日本語の特色』, (文化
   庁:1981), p.88
7) 金田一春彦, 『国語アクセントの史的研究』, (岩波書店:1981), p.267
8) 川口義一, 『発音と聴解の指導 - 上級レベルでの問題点 - (講座 日本語教育 第20分
   冊)』, (早稲田大学語学研究所:1984), p.39

제 2 장
번 역 편

제1절 한국 고유명사의 'カタカナ' 표기 원칙

오늘날 한일 양국 간의 교류가 날로 활발해짐에 따라 한국어와 일본어간의 번역 수요도 점차 증가하고 있다. 그와 같은 번역 중에는 한국의 각종 정보를 일본으로 번역해서 소개하는 경우도 많이 있으며, 그러다 보면 한국의 인명이나 지명, 회사명 등 고유명사를 'カタカナ'로 옮겨야 하는 경우가 자주 발생하는데, 그 작업이 결코 쉬운 것이 아니다. 게다가 고유명사라고 하는 것은 대부분의 경우 상당히 정확한 번역이 요구되는 부분이기 때문에 그 표기는 기본적이면서도 결코 소홀히 해서는 안 되는 중요한 부분이다.

한국 고유명사의 'カタカナ'표기의 원칙은 상당히 복잡한데다 일본 내에서도 완전히 통일된 규범이 없는 실정이다. 그러나 주요 언론기관이나 각종 출판물 등은 큰 골격에 대해서는 어느 정도 통일된 표기법을 따르고 있으므로, 몇 가지 중요한 원칙에 대해서 간략하게 설명하도록 하겠다. 이 정도의 원칙은 정리해 두지 않으면 고유명사가 등장할 때마다 표기법 때문에 고민해야 하거나 혹은 일관성과 원칙이 없는 표기·

번역이 되어 버리기 때문에 제대로 숙지하고 정확하게 표기할 수 있도록 해 주기 바란다.

1) 자음 「ㄱ, ㄷ, ㅂ, ㅈ」의 표기

① 이들 자음이 어두(語頭:단어 첫머리)에 올 경우에는 '淸音'으로 표기한다.

例) 경주 : <u>キ</u>ョンジュ　　기아 : <u>キ</u>ア　　대구 : <u>テ</u>グ　　도고 : <u>ト</u>ゴ
　　　부천 : <u>プ</u>チョン　　전주 : <u>チ</u>ョンジュ　　제주 : <u>チ</u>ェジュ
例外) 대우 : <u>デ</u>ウ　　진로 : <u>ジ</u>ンロ

'대우' '진로' 등은 일본에서도 유명한 대기업이며, 그 회사명이 영문으로도 꽤 알려져 있다. 즉 알파벳으로 'Daewoo' 'Jinro'라고 쓰는데, 'D'나 'J'를 보통 '淸音'으로 표기하지는 않기 때문에 이와 같은 경우에는 예외적으로 '濁音'으로 표기한다.

② 유성음화되는 환경, 즉 모음 (받침 없는 소리) 뒤 혹은 [ㄴ, ㄹ, ㅁ, ㅇ] 받침 뒤에서는 '濁音'표기를 한다. [ㄴ, ㄹ, ㅁ, ㅇ] 이외의 받침 뒤에서도 '濁音' 표기하는 경우가 있으므로 어두 이외는 모두 '濁音'으로 표기한다고 생각해도 무방하다.

例) 김 경수 : キム・<u>ギ</u>ョンス　　안동 : アン<u>ド</u>ン　　진부 : チン<u>ブ</u>
　　　서 길주 : ソ・<u>ギ</u>ルジュ　　광주 : クァン<u>ジュ</u>　　여주 : ヨ<u>ジュ</u>
　　　박 정희 : パク・<u>チ</u>ョンヒ　　또는　　パク・<u>ジ</u>ョンヒ
　　　곽 병철 : クァク・<u>ピ</u>ョンチョル　　또는　　クァク・<u>ビ</u>ョンチョル

2) 「ㄱ, ㄹ, ㅁ, ㅂ, ㄴ」 받침의 표기

「ㄱ, ㄹ, ㅁ, ㅂ」 받침은 (清音의) 「う段」으로 표기하며, [ㄴ] 받침은
「ン」으로 표기한다. 단 어말 이외의 받침에 대해서는 일부 예외도 있다.

例) 박 찬호 : パク・チャンホ   최길수 : チェ・ギルス
     심 재철 : シム・ジェチョル
     호법 : ホボプ   안면도 : アンミョンド
例外) 목포 : モッポ

3) [ㅡ]모음은 「う段」으로、[ㅓ]모음은 「お段(또는 ～ ョ)」으로
   표기한다. 다른 모음도 원래 발음과 비슷한 소리의 문자로 표
   기한다.

例) 강릉 : カンヌン   이 은섭 : イ・ウンソプ
     서 봉수 : ソ・ボンス   백 인천 : ペク・インチョン
     전 두환 : チョン・ドゥファン(ホァン)
     이 회창 : イ・フェチャン   정 몽준 : チョン・モンジュン
     노 무현 : ノ・ムヒョン   원 효식 : ウォン・ヒョシク
     신의주 : シンイジュ 또는 シニジュ

4) 원칙적으로 장음표기는 하지 않는다.

例) 조 용필 : チョ・ヨンピル   지 명곤 : チ・ミョンゴン
     이 수일 : イ・スイル   고 경철 : コ・ギョンチョル

단 실제로는 "チョー(チョウ)" "チー" "イー" 등으로 표기하는 경우도
있어, 이 부분에 대해서는 완전히 통일이 안 되어 있다.

제2절 한-일 번역에 있어서의 외래어의 오역

1. 관련 배경

국제화, 정보화, 세계화가 진행되는 가운데 우리의 언어생활에 있어서도 많은 변화가 일어나고 있다. 그 중 하나로 과거에 비해서 영어를 비롯한 외래어의 사용 빈도가 현저하게 높아지고 있는 현상을 꼽을 수 있을 것이다. 한국어보다 일본어에 있어서 외래어가 차지하는 비중이 더 크다고 할 수 있는데, 예비 번역사(통역번역대학원 재학생)들이 행한 한-일 번역의 결과물을 보더라도 외래어를 오역한 예들이 적지 않게 나타난다. 그래서 필자는 한-일 번역에 나타난 외래어의 오역의 유형에는 어떠한 것들이 있고, 어떠한 유형의 오역이 많은지 등에 대해 조사해 보았다.

주요 조사 대상은 한국외국어대학교 통역번역대학원 한일과 재학생들에 의한 한-일 번역물 중에 나타난 외래어 오역의 예이다. 그들의 일본어 학습(혹은 습득) 배경은 각각 다르지만, 적어도 외국어로서의 일본어를 초급이나 중급 수준이 아닌 상급 내지는 최상급 수준으로 구사한다는 점에서는 공통점을 가지고 있다.

또한, '외래어'에 대해서는 그 의미를 다소 넓게 해석하여, "아파트", "라디오" 등과 같은 단어 외에도 한국의 지명, 인명과 같은 고유명사도 조사 대상에 포함시켰다. 한국의 고유명사는 한국어 속에서는 외래어가 아니지만, 도착어인 일본어로 번역된 문장 속에서는 외래어로 간주되기 때문이다.

2. 일본어에 있어서의 외래어의 실태

앞서 일본어에 있어서는 한국어보다 외래어가 차지하는 비중이 크다고 하였는데, 물론 분야마다 사용 빈도의 차이가 있다. 이를테면, 역사, 철학, 생물학과 같은 분야에서는 외래어의 사용 빈도가 비교적 낮고, 반면에 패션, 식생활, 스포츠 등의 분야에서는 상당히 높게 나타난다. 특히 패션 분야에서는 외래어가 차지하는 비중이 97%에 이른다는 조사 결과[1]도 발표된 바 있으며, 특정 분야 외에 일상생활에서도 어린 아이들까지 다양한 외래어를 구사하고 있어, 외래어를 사용하는 것이 한자어를 포함한 일본어를 사용하는 것보다 오히려 더 자연스럽게 들리는 경우도 많다. 따라서 일본어 속에 깊이 침투한 외래어의 중요성은 아무리 강조해도 지나침이 없을 것이다.

그런데, 널리 알려진 바와 같이 일본어는 본래 자음과 모음의 수가 그리 많지 않아서, 수많은 외래어를 발음, 표기하는 데는 한계가 있다. 제한된 자음과 모음을 가지고(때로는 외래어에 대해서만 허용되는 특수음을 인정하기도 하여), 옛부터 각종 기준에 따라 외래어를 발음, 표기해 오면서 나름대로 어려움을 극복하고 있다. 그러나 그 기준이라고 하는 것이 강제성을 띤 것이 아니기 때문에 일부 외래어에 대해서는 두 가지 이상의 표기와 발음이 병용되고 있다.

일본어에 있어서 외래어의 표기에 관해서는 현재 1991년 6월 28일에 발표된 『外来語の表記』(内閣告示第2号)가 하나의 큰 기준이 되고 있다. 따라서, 발음도 이 기준에 입각한 표기를 대체로 따르고 있다고 보면 된다.

그러나, 외래어 표기에 관한 内閣告示는 그 서문에서 밝히고 있듯이, 어디까지나 하나의 기준에 지나지 않아 이를 지키도록 의무화하는 것이 아니라 권장 사항에 머물고 있으며, 과거부터 행해진 표기가 이 기준에 맞지 않을 경우에도 그것을 부정하는 것이 아니다.[2]

이에 따라, 실제로 일본에서 출판되고 있는 외래어 사전 등을 보더라도, 원칙적으로 외래어 표기에 관한 內閣告示를 따르되, 신문 등에서 일반적으로 자주 사용되는 표기가 이와 다를 경우에는 둘 다 게재하고, 한쪽은 가(仮)표제어로 싣는 등의 원칙을 세워 놓고 있다. 다른 사전들도 그 표기가 애매한 일부 외래어에 대해서는 가장 널리 사용되고 있다고 판단되는 표기를 표제어로 게재하고, 또 다른 표기법이 있는 경우에는 그것을 가(仮)표제어로 게재하거나, 혹은 표제어에 관한 설명 마지막 부분에 "～とも言う"라는 식으로 처리하고 있다.

이와 같이 한 외래어에 대해 두 가지 이상의 표기가 존재할 경우, 하나의 표기만 옳고 다른 표기는 틀렸다고 간주하는 것은 지나치게 엄격하고 다소 무리한 판단 기준이 될 것이기 때문에, 본 조사를 실시함에 있어서는 다섯 종류의 외래어사전 중 단 하나의 사전에만 게재된 표기라 할지라도(가표제어 등 포함) 이를 오류로 간주하지 않았다.

3. 한-일 번역에 나타난 외래어 오역의 유형

그러면, 실제로 통역번역대학원에 재학 중인 예비 번역사들이 번역을 하면서 범한 오역의 예를 살펴보도록 하겠다.

필자가 실시한 조사 결과 발견된 오류는 총 140건에 이르렀으며, 이를 다음과 같이 몇 가지 유형 별로 분류할 수 있다.

1) **탈락** : 본래 어떤 음(音-문자나 부호 등)이 있어야 하는데 그것을 표기하지 않고 빠뜨림으로써 발생한 오역.

2) **잉여음의 추가** : 본래 없어야 할 불필요한 음이 잉여적으로 추가됨으로써 발생한 오역.

적인 악센트의 유형 등을 알고 하는 것이 훨씬 효과적이다. 모든 단어의
악센트형을 일일이 다 기어하기는 어렵지만, 악센트 상의 어떤 규칙과
그에 따른 유형만 알아도 악센트의 연습과 교정을 하는 데 큰 도움이
될 것이다.

1) 복합어의 악센트

(1) 自立語 + 付属語(접미사 등)의 형태
① 平板型

다음과 같은 말(付属語, 접미사 등)이 自立語 다음에 연결되면 그 전
체가 平板型 악센트가 되며, 뒤에 助詞가 연결되어도 악센트의 段은 하
강하지 않고 높은 段이 유지된다. 따라서 이 경우에는 앞 부분의 自立語
의 악센트형을 몰라도 무조건 平板型으로 발음하면 되는 것이다. 예외
가 있기도 하지만 극소수에 불과하다.

例)

~的	せっきょくてき(積極的)	じつようてき(実用的)	せいようてき(西洋的)
~性	ごかんせい(互換性)	じゅうようせい(重要性)	しんらいせい(信頼性)
~製	がいこくせい(外国製)	かんこくせい(韓国製)	アメリカせい
~語	フランス語	イタリア語	アラビア語	ちゅうごくご(中国語)
~家	おんがくか(音楽家)	せいじか(政治家)	しそうか(思想家)
~科	しょうにか(小児科)	えいぶんか(英文科)	しゃかいか(社会科)
~化	ほんかくか(本格化)	いっぽんか(一本化)	きかいか(機械化)
~中	かいぎちゅう(会議中)	こんしゅうちゅう(今週中)	いちねんじゅう(一年中)
~場	うんどうじょう(運動場)	きょうぎじょう(競技場)	かいぎじょう(会議場)
~線	じょうえつせん(上越線)	とうかいどうせん(東海道線)	
	キョンイせん(京義線)	例外)しんかんせん(新幹線)	
~病	とうにょうびょう(糖尿病)	はっけつびょう(白血病)	しんぞうびょう(心臓病)

~用　こどもよう(子供用)　　じょせいよう(女性用)　　シングル用
~側　ひだりがわ(左側)　　　まどがわ(窓側)　　　　にほんがわ(日本側)
~色　みどりいろ(緑色)　　　きいろ(黄色)　　　　　きんいろ(金色)
~派　ほしゅは(保守派)　　　ちゅうどうは(中道派)　なかそねは(中曽根派)

＊ きょうか(強化)　　こせい(個性)　　げんご(言語)

이와 같은 단어는「化」「性」「語」앞의 말이 단독으로 쓰이는 自立語
가 아니기 때문에 여기서 말하는 법칙이 적용되지 않았다.

② 中高型

다음과 같은 말이 自立語 다음에 연결되면 전체가 中高型 악센트가
되며, 악센트의 핵은 自立語의 마지막 拍에 놓인다. 단 自立語의 마지막
拍이 [ん][っ][ー(長音)]과 같은 特殊拍일 때는 악센트의 핵은 하나 더 앞
으로 이동한다.

例)
~会　いいんかい(委員会)　　こんだんかい(懇談会)　さわかい(茶話会)
~市　よこはまし(横浜市)　　パリ市　　　　テジョン市　　　プサン市
~人　かんこくじん(韓国人)　ドイツ人　　イギリス人　　　メキシコ人
　　　けいざいじん(経済人)　　例外) にほんじん(日本人)
~川　しなのがわ(信濃川)　　ナイル川(河)　　　　アマゾン川(河)
　　　あまのがわ(天の川/天の河)　例外) えどがわ(江戸川)
~員　かかりいん(係員)　　　けんきゅういん(研究員)　かんしいん(監視員)
~間　いちねんかん(1年間)　なんぼくかん(南北間)　こっかかん(国家間)
~機　ひこうき(飛行機)　　　コピー機　　　　　　けいさんき(計算機)
~局　ほうそうきょく(放送局)　じょうほうきょく(情報局)　とっきょきょく
　　　　　　　　　　　　　　　　　　　　　　　　　　　　(特許局)
~部　えいぎょうぶ(営業部)　ほうがくぶ(法学部)　　うんどうぶ(運動部)

~室　じむしつ(事務室)　　しゃちょうしつ(社長室)　きひんしつ(貴賓室)

~者　さんかしゃ(参加者)　じえいぎょうしゃ(自営業者)　ようぎしゃ(容疑者)

~税　ちほうぜい(地方税)　かんせつぜい(間接税)　　しょうひぜい(消費税)

~地　かんこうち(観光地)　きゅうかんち(休閑地)　　ひしょち(避暑地)

~店　せんもんてん(専門店)　クリーニング店　　　ようひんてん(洋品店)

~費　せいかつひ(生活費)　こうつうひ(交通費)　　いんさつひ(印刷費)

~料　でんわりょう(電話料)　つうこうりょう(通行料)　にゅうじょうりょう
　　　　　　　　　　　　　　　　　　　　　　　　　　　(入場料)

　이밖에 다른 付属語(접미사 등)가 自立語에 연결되는 경우에도 아래와 같이 그 단어는 전체가 平板型, 또는 自立語의 마지막 拍에 악센트의 핵이 놓이는 中高型, 둘 중 하나가 된다. 한국 사람이 발음하면 付属語에 악센트의 핵을 두는 경향이 있지만, [自立語 + 付属語(접미사 등)]의 형태에서는 그와 같은 악센트형은 존재하지 않는다. 그렇게 잘못 발음된 악센트는 일본 사람이 들었을 때 큰 위화감을 느끼기 때문에 주의하기 바란다.

例)　　틀린 악센트　　　　　　　옳은 악센트

틀린 악센트	옳은 악센트
かんせつてき(間接的)	かんせつてき
おおがた(大型)	おおがた
とうきょうゆき(東京行き)	とうきょうゆき
せいようふう(西洋風)	せいようふう
つごうじょう(都合上)	つごうじょう
かんこくじん(韓国人)	かんこくじん
おおさかわん(大阪湾)	おおさかわん
なごやえき(名古屋駅)	なごやえき
ひがししなかい(東シナ海)	ひがししなかい
がいむしょう(外務省)	がいむしょう

(2) 自立語(명사) + 自立語(명사)의 형태

이 형태를 취한 복합명사는 원래의 악센트형과는 달리 대부분 뒤에 연결되는 명사의 첫 번째 拍에 악센트의 핵이 놓이게 된다. 특히 두 명사간의 결합도가 강할수록 그 경향도 강해진다. 단 두 개의 명사가 원래의 악센트형을 유지하는 경우도 있고, 악센트형이 두 가지 존재하는 경우도 있다.

例)   원래 악센트   복합명사의 악센트

원래 악센트	복합명사의 악센트
じんこう(人工) + えいせい(衛星)	じんこうえいせい
こくさい(国際) + しゅうし(収支)	こくさいしゅうし
ぼうえき(貿易) + あかじ(赤字)	ぼうえきあかじ
けんこう(健康) + しんだん(診断)	けんこうしんだん
ひとで(人手) + ふそく(不足)	ひとでぶそく
しんぜん(親善) + しあい(試合)	しんぜんじあい
みつびし(三菱) + しょうじ(商事)	みつびししょうじ
なま(生) + ほうそう(放送)	なまほうそう
まど(窓) + ガラス	まどガラス
カラー + テレビ	カラーテレビ
フロッピー + ディスク	フロッピーディスク
かかく(価格) + はかい(破壊)	かかくはかい
きせい(規制) + かんわ(緩和)	きせいかんわ / きせい かんわ
つうこう(通行) + きんし(禁止)	つうこう きんし

2) 약어의 악센트

영어 등의 첫 글자를 딴 약어는 마지막 글자의 첫 번째 拍에 악센트의 핵이 놓인다. 이 경우도 예외는 극히 일부에 지나지 않는다.

例)　약어　　　　　악센트

IT　　　　アイ・ティー

CD　　　　シー・ディー

FA　　　　エフ・エー

NGO　　　エヌ・ジー・オー

IBM　　　アイ・ビー・エム

IMF　　　アイ・エム・エフ

NHK　　　エヌ・エッチ・ケー

WTO　　　ダブル・ティー・オー

WHO　　　ダブル・エッチ・オー

ATM　　　エー・ティー・エム

ICBM　　アイ・シー・ビー・エム

IAEA　　アイ・エー・イー・エー

例外)　약어이기는 하지만 아래와 같이 보통명사화된 단어 중 약간의 예외가 있다.

AM　　　　エー・エム

FM　　　　エフ・エム

OL　　　　オー・エル

3) 「～しい」로 끝나는 형용사의 악센트

　형용사의 악센트형은 명사에 비해서 다양하지는 않지만 활용을 하기 때문에 그만큼 어려움이 뒤따른다. 형용사의 악센트에 관해서 작은 법칙이 여러 가지 있지만, 알기 쉬운 악센트의 유형을 한 가지만 소개하도록 하겠다. 형용사 가운데 「～しい」로 끝나는 표현이 상당수 있는데, 악센트의 핵은 거의 대부분 「し」에 위치한다. 그 경우 「～しかった(です)」 「～しくない」 「～しいです」로 변화해도 악센트의 핵은 이동하지 않는다.

例)
おしい　ほしい
うれしい　きびしい　こいしい　ただしい　たのしい　はげしい
うつくしい　たのもしい　もどかしい　みぐるしい　めずらしい
あつかましい　うらやましい　おしつけがましい

* あやしい / あやしい(怪しい), いやしい / いやしい(卑しい)와 같이
  두 가지 악센트가 인정되는 단어도 있다.

4) 기타 자주 사용되는 표현의 악센트

아래의 표현들은 동사의 連用形에 연결되어서 상당히 자주 쓰이는데,
동사의 원래 악센트형과는 무관하게 핵의 위치는 각각 「ま」「ま」「ま」
「せ」「せ」로 정해져 있다. 단, 「つうやくします」「くろうしました」 등
동작성을 지닌 한자어 명사에 「する」가 연결된 표현 가운데는 이에 해
당되지 않는 것도 있다.

例)
～ます : します　みます　いきます　のぼります　むかいます
～ました : きました　たべました　あそびました　ねむりました
～まして～ : おくれまして～　まいりまして～　なくなりまして～
～ません : いたみません　うつりません　まとまりません　おられません
～ませんでした : いませんでした　こられませんでした　よみませんでした

7. 정리

일본어 학습에 있어서의 말하기의 중요성은 날이 갈수록 증대되고 있

다. 일본어 학습자의 말하기 능력의 한 부분으로서 악센트에 관해 만약 그 수준을 구분한다면, ① 악센트가 실제 일본어와 너무 많이 틀려 청자가 알아듣기 힘든 경우, ② 알아듣기는 하지만 다소 귀에 거슬리거나 자연스러운 일본어답지 않은 경우, ③ 네이티브 스피커와는 다르지만 일본인이 들어도 귀에 거슬리지 않을 정도로 자연스러운 경우, ④ 악센트가 거의 정확하여 네이티브 스피커에 가까운 일본어를 구사하는 경우 등으로 나눌 수 있을 것이다.

학부 차원에서 일본어를 전공하는 학생이라면 ②단계 정도의 수준에 머물러도 될지 모르지만, 통번역사를 지향하는 사람이라면 적어도 ③단계 수준에는 도달해야 할 것이며, 나아가서는 ④단계 수준을 목표로 꾸준한 노력이 필요하다고 하겠다.

그렇게 되었을 때 한-일 통역을 듣는 일본인들도 위화감을 느끼지 않고 편안하게 들을 수 있는 일본어가 되며, 통역을 하는 본인도 더욱 자신감을 가지고 통역에 임할 수 있게 될 것이다.

제3절 상급자도 틀리기 쉬운 표현들

1. 한자어의 한-일 표현이 다른 경우

한국어에 있어서나 일본어에 있어서나 고유어(순수 우리말, 和語) 또는 외래어보다 한자어가 가장 많이 쓰이고 있어, 명사 중에서는 전체의 약 3분의 2가 한자어라고 한다. 한자어 가운데 대부분은 음만 바꾸어서 양 언어에서 같은 뜻으로 쓰이기도 한다. 이와 같은 이유로 일본어를 공부하는 대부분의 사람들은 모든 한자어를 음만 바꾸면 옳은 일본어가 되는 걸로 잘못 생각하는 경우가 많다. 또는 해당 한자어의 일본어 표현을 정확하게 몰라서 음만 바꾸어 사용해 버리는 경우도 있다.

따라서 일본어 실력이 상당히 좋은 상급자 내지는 최상급자들 사이에
서도 한국어와 일본어에서 서로 다른 한자어를 사용하는 표현에 대해서
는 틀리는 빈도가 상당히 높은 편인데, 여기서는 그와 같은 표현들을 수
집해 보았다. 다음 사례 중 일부는 한국어와 똑같은 한자어가 함께 사용
되는 경우도 있으나, 그 표현보다 여기에 제시된 표현들이 일반적으로
훨씬 많이 쓰인다.

<표현 사례>

한국어 표현	일본어 표현
가정법원(家庭法院)	家庭裁判所(かていさいばんしょ)
간암(肝癌)	肝臓癌(かんぞうがん)
감청(監聽)	傍受(ぼうじゅ)
갹출(醵出)	拠出(きょしゅつ)
개각(改閣)	内閣改造(ないかくかいぞう)
개원국회(開院國會)	特別国会(とくべつこっかい)
개헌(改憲)	憲法改正(けんぽうかいせい)
검찰총장(檢察總長)	検事総長(けんじそうちょう)
경치(景致)	景色(けしき)
계정(計定)	勘定(かんじょう)
고등법원(高等法院)	高等裁判所(こうとうさいばんしょ)
골다공증(骨多孔症)	骨粗鬆症(こつそしょうしょう)
공단(工團)	工業団地(こうぎょうだんち)
	cf)公団(こうだん)
공매도(空賣渡)	空売り(からうり)
교감(校監)	教頭(きょうとう)
교차로(交叉路)	交差点(こうさてん)
국제원자력기구(國際原子力機構)	国際原子力機関(こくさいげんしりょくきかん)

국제의원연맹(國際議員聯盟)　　　列国議会同盟(れっこくぎかいどうめい)

군계일학(群鷄一鶴)　　　　　　　鶏群の一鶴(けいぐんのいっかく)

기자재(機資材)　　　　　　　　　資機材(しきざい)

기후변화협약(氣候變化協約)　　　気候変動枠組み条約(きこうへんどうわ
　　　　　　　　　　　　　　　　くぐみじょうやく)

낙태(落胎)　　　　　　　　　　　中絶(ちゅうぜつ)

남녀노소(男女老少)　　　　　　　老若男女(ろうにゃくなんにょ)

납입자본금(納入資本金)　　　　　払込資本金(はらいこみしほんきん)

노사분규(勞使紛糾)　　　　　　　労使紛争(ろうしふんそう)

대검찰청(大檢察廳)　　　　　　　最高検察庁(さいこうけんさつちょう)
　　　　　　　　　　　　　　　　略)最高検(さいこうけん)

대량살상무기(大量殺傷武器)　　　大量殺戮(破壊)兵器(たいりょうさつり
　　　　　　　　　　　　　　　　く(はかい)へいき)

대령(大領)　　　　　　　　　　　大佐(たいさ)

대마초(大麻草)　　　　　　　　　大麻(たいま)

대손충당금(貸損充當金)　　　　　貸倒引当金(かしだおれひきあてきん)

대법원(大法院)　　　　　　　　　最高裁判所(さいこうさいばんしょ)
　　　　　　　　　　　　　　　　略)最高裁(さいこうさい)

대변(貸邊)　　　　　　　　　　　貸し方(かしかた)

대변인(代辯人)　　　　　　　　　報道官(ほうどうかん)/スポークスマン

대리시험(代理試驗)　　　　　　　替え玉受験(かえだまじゅけん)

동남아시아국가연합(ASEAN)　　　東南アジア諸国連合(とうなんアジア
　　　　　　　　　　　　　　　　しょこくれんごう)=アセアン

동서고금(東西古今)　　　　　　　古今東西(こきんとうざい)

도매(都賣)　　　　　　　　　　　卸売(り)(おろしうり)

등기(登記)-[우편]　　　　　　　　書留(かきとめ)

매출액(賣出額)　　　　　　　　　売上高(うりあげだか)

멸종(滅種)　　　　　　　　　　　絶滅(ぜつめつ)

명예퇴직(名譽退職)　　　　　　　希望退職(きぼうたいしょく)/早期退職
　　　　　　　　　　　　　　　　(そうきたいしょく)

명의개서(名義改書)	名義書換(めいぎかきかえ)
명함(名銜)	名刺(めいし)
모회사(母會社)	親会社(おやがいしゃ)
문의(問議)	問い合わせ(といあわせ)
미풍양속(美風良俗)	公序良俗(こうじょりょうぞく)
보강수사(補強搜査)	裏付け捜査(うらづけそうさ)
부실채권(不實債權)	不良債権(ふりょうさいけん)
분리수거(分離收去)	分別収集(ぶんべつしゅうしゅう)
불구속기소(不拘束起訴)	在宅起訴(ざいたくきそ)
비밀번호(秘密番號)	暗証番号(あんしょうばんごう)
사분기(四分期)	四半期(しはんき)
例)1분기/1사분기	第1四半期(だいいちしはんき)
산업재해(産業災害)	労働災害(ろうどうさいがい)
	略)労災(ろうさい)
상의(上衣)	上着(うわぎ)
상향조정(上向調整)	上方修正(じょうほうしゅうせい)
생화학무기(生化學武器)	生物化学兵器(せいぶつかがくへいき)
서식(棲息)	生息(せいそく)
선순환(善循環)	好循環(こうじゅんかん)
↔악순환	悪循環(あくじゅんかん)
세계보건기구(世界保健機構)	世界保健機関(せかいほけんきかん)
	=WHO
세계무역기구(世界貿易機構)	世界貿易機関(せかいぼうえききかん)
	=WTO
세무사(税務士)	税理士(ぜいりし)
소령(少領)	少佐(しょうさ)
수갑(手匣)	手錠(てじょう)
수교협상(修交協商)	国交正常化交渉(こっこうせいじょうかこうしょう)
수율(收率)	歩留り(ぶどまり)

수표(手票)	小切手(こぎって)
순매도(純賣渡)-[주식 등]	売越し(うりこし)
순매수(純買收)	買越し(かいこし)
순산(順産)	安産(あんざん)
시가(始價)	始値(はじめね)
cf)시가(時價)	時価(じか)
시종일관(始終一貫)	終始一貫(しゅうしいっかん)
식수(食水)	飲用水(いんようすい)/飲み水(のみみず)
(혼인)신고(申告)	(婚姻)届(とどけ)
실물경제(實物經濟)	実体経済(じったいけいざい)
실종(失踪)-[재해나 사고로 인한]	行方不明(ゆくえふめい)
악재(惡材)	悪材料(あくざいりょう)
↔호재(好材)	好材料(こうざいりょう)
약사(藥師)	薬剤師(やくざいし)
약혼(約婚)	婚約(こんやく)
양서류(兩棲類)	両生類(りょうせいるい)
여성경찰(女性警察)	婦人警官(ふじんけいかん)
	略)婦警(ふけい)
연쇄추돌(連鎖追突)	玉突き衝突(たまつきしょうとつ)
예방(禮訪)	表敬訪問(ひょうけいほうもん)
온실(溫室)가스	温室効果(おんしつこうか)ガス
외상매입금(外上買入金)	買掛金(かいかけきん)
외상매출금(外上買出金)	売掛金(うりかけきん)
외채(外債)	対外債務(たいがいさいむ)
외화표시채권(外貨表示債券)	外貨建て債券(がいかだてさいけん)
외환(外換)	外国為替(がいこくかわせ)
	略)外為(がいため)
요격(邀擊)미사일	迎撃(げいげき)ミサイル
우대조치(優待措置)	優遇措置(ゆうぐうそち)
원자재(原資材)	原材料(げんざいりょう)

위협(威脅)	脅威(きょうい)
위협사격(威脅射擊)/경고사격(警告射擊)	威嚇射撃(いかくしゃげき)
유방암(乳房癌)	乳癌(にゅうがん)
유전자조작식품(遺傳子操作食品)	遺伝子組換え(組替え)食品(いでんしくみかえしょくひん)
은하수(銀河水)	天の川(あまのがわ)
cf)은하(銀河)	銀河(ぎんが)
이구동성(異口同聲)	異口同音(いくどうおん)
이물질(異物質)	異物(いぶつ)
이복형제(異腹兄弟)	異母兄弟(いぼきょうだい)
이산화황(二酸化黃)	二酸化硫黄(にさんかいおう)
이월금(移越金)	繰越金(くりこしきん)
이의신청(異議申請)	異議申し立て(いぎもうしたて)
cf)입회신청서	入会申込書(にゅうかいもうしこみしょ)
등록신청	登録申請(とうろくしんせい)
신청절차	申請手続き(しんせいてつづき)
인수(引受)-[기업 등]	買収(ばいしゅう)
인수-[증권 등]	引き受け/引受(ひきうけ)
인지(人指)	人指し指(ひとさしゆび)
인허가(認許可)	許認可(きょにんか)
일기도(日氣圖)	天気図(てんきず)
일기예보(日氣豫報)	天気予報(てんきよほう)
입주(入住)	入居(にゅうきょ)
자구노력(自救努力)	自助努力(じじょどりょく)
자금세탁(資金洗濯)	資金洗浄(しきんせんじょう)/マネーロンダリング
자동이체(自動移替)	自動引き落とし(じどうひきおとし)
자매결연(姉妹結緣)	姉妹提携(しまいていけい)
자율규제(自律規制)	自主規制(じしゅきせい)

전년대비(前年對比)	対前年比(たいぜんねんひ)/前年比(ぜんねんひ)
접수(接受)	受付け(うけつけ)
재공품(在工品)	仕掛品(しかかりひん)
재래식무기(在來式武器)	通常兵器(つうじょうへいき)
재할인율(再割引率)	公定歩合(こうていぶあい)
적금(積金)	積立て預金(つみたてよきん)
전형(銓衡)	選考(せんこう)
정기국회(定期國會)	通常国会(つうじょうこっかい)
정상참작(情狀參酌)	情状酌量(じょうじょうしゃくりょう)
정상회담(頂上會談)	首脳会談(しゅのうかいだん)
제조업체(製造業體)	製造業者(せいぞうぎょうしゃ)/メーカー
종가(終價)	終(り)値(おわりね)
종목(種目)-[주식 등의]	銘柄(めいがら)
주5일근무제(週五日勤務制)	週休二日制(しゅうきゅうふつかせい)
중령(中領)	中佐(ちゅうさ)
중앙당사(中央黨舍)	党本部(とうほんぶ)
중장년(中壯年)	中高年(ちゅうこうねん)
지문날인(指紋捺印)	指紋押捺(しもんおうなつ)
지방법원(地方法院)	地方裁判所(ちほうさいばんしょ) 略)地裁(ちさい)
지방자치단체(地方自治團體)	地方自治体(ちほうじちたい)
略)지자체(地自體)	自治体(じちたい)
직사광선(直射光線)	直射日光(ちょくしゃにっこう)
진범(眞犯)	真犯人(しんはんにん)
차변(借邊)	借(り)方(かりかた)
찬반(贊反)	賛否(さんぴ) 例)賛否両論(さんぴりょうろん)
창당(創黨)	結党(けっとう)

	/新党結成(しんとうけっせい)
초봉(初俸)/초임(初任)	初任給(しょにんきゅう)
최고가(最高價)	最高値(さいたかね)
최저가(最低價)	最安値(さいやすね)
최후통첩(最後通牒)	最後通告(さいごつうこく)
	/最後通牒(さいごつうちょう)
추경(추가경정)예산(追更豫算)	補正予算(ほせいよさん)
추곡수매가(秋穀收買價)	生産者米価(せいさんしゃべいか)
탈당(脫黨)	離党(りとう)
탈영병(脫營兵)	脱走兵(だっそうへい)
평생교육(平生敎育)	生涯教育(しょうがいきょういく)
포기(抛棄)	放棄(ほうき)
폭설주의보(暴雪注意報)·경보(警報)	大雪注意報·警報(おおゆきちゅうい ほう·けいほう)
품귀(品貴)	品薄(しなうす)
하향조정(下向調整)	下方修正(かほうしゅうせい)
한반도(韓半島)에너지개발기구 (開發機構) = KEDO	朝鮮半島(ちょうせんはんとう) エネルギー開発機構(かいはつきこう)
한의사(韓醫師)	漢方医(かんぽうい)
합당(合黨)	(~党と~党の)合同(ごうどう)
합석(合席)	相席(あいせき)
합의금(合意金)	示談金(じだんきん)
합작(合作)-[경제]	合弁(ごうべん)
	cf)映画の合作(がっさく)
핵무기(核武器)	核兵器(かくへいき)
(제네바)핵합의(核合意)	(ジュネーブ)枠組み合意(わくぐみごうい)
핵확산금지조약(核擴散禁止條約) = NPT	核拡散防止条約(かくかくさんぼうし じょうやく)/核不拡散条約(かくふかく さんじょうやく)
현금자동입출금기(現金自動入出金機)	現金自動預け払い機(げんきんじどうあ

= ATM	ずけばらいき)
호우주의보(豪雨注意報)·경보(警報)	大雨注意報·警報(おおあめちゅういほう·けいほう)
호재(好材)	好材料(こうざいりょう)
환승(換乘)	乗換え(のりかえ)
환적(換積)	積換え/積替え(つみかえ)
환전(換錢)	両替(りょうがえ)
환차손(換差損)	為替差損(かわせさそん)
환차익(換差益)	為替差益(かわせさえき)
황산(黃酸)	硫酸(りゅうさん)
황산화물(黃酸化物)	硫黄酸化物(いおうさんかぶつ)
활엽수(闊葉樹)	広葉樹(こうようじゅ)
cf)침엽수(針葉樹)	針葉樹(しんようじゅ)

2. [동작성 명사 + 되다]의 일본어 표현

한일 양국어에는 한자어 명사 가운데 동작성을 지닌 단어들이 많이 있다. 이들 단어 다음에 「하다」나 「되다」, 「する」나 「される」를 연결하면 동사로 쓰인다. 또한 대부분의 경우 「～하다」는 일본어로 「～する」로, 「～되다」는 「～される」로 표현하면 별 문제가 없다. 그러나 항상 「～하다」 → 「～する」, 「～되다」 → 「～される」로 표현해서 맞는다면 이들 표현 때문에 고생할 필요가 없는데, 문제는 그렇지 않은 경우도 꽤 있다는 데 있다. 그래서 일본어 구사능력이 상당히 뛰어난 사람도 모든 표현들을 무의식 중에 「～하다」 → 「～する」, 「～되다」 → 「～される」로 1 대 1 대응이 되는 것처럼 잘못 생각하고 어색한 표현을 하는 경우가 많다.

여기서는 특히 한국인 일본어 학습자들이 가장 틀리기 쉬운 유형, 즉 우리말로는 「～되다」(또는 「～하다」 양쪽으로 표현)라고 하지만 일본어

로는 「~される」라 하지 않고 보통 「~する」라고 표현하는 예들을 들어
보겠다.

　다만 다음에 제시한 표현들 가운데는 상당히 애매한 표현이 있어서
원어민인 일본인도 때로는 정확하게 사용하지 못하는 경우가 있다. 애
매한 표현을 아주 가끔 틀리는 정도라면 크게 걱정할 필요는 없겠으나,
이들 표현을 반복해서 틀린다면 그 일본어는 전체적으로 어색하고 부자
연스럽게 느껴지고 만다. 실제로 일본어의 상급자, 심지어는 최상급자라
할 수 있는 사람도 이 부분에 있어 오류를 범하는 일이 종종 있으므로
평소부터 충분히 공부해 두어야 할 것이다.

　이들 표현을 정확하게 사용하기 위해서는 많은 일본어의 글을 읽고
또 뉴스 등을 많이 들음으로써 그것들을 기억했다가 적절하게 사용할
수 있도록 하는 것이 하나의 방법이다. 그러나 수많은 표현들을 이 방법
으로 익힌다는 것은 상당한 시간이 걸릴 것이며, 미처 익히지 못한 표현
이 나왔을 때는 어떻게 표현해야 할지 판단이 어려워진다.

　그럴 경우에 널리 사용되고 있는 사전이 도움이 된다. 동작성을 지닌
한자어 명사에 대해서는 「する」가 연결되었을 때 자동사로 쓰이는지(이
경우 보통 「ス自」 등으로 표시되어 있다), 또는 타동사로 쓰이는지(보통
「ス他」 등으로 표시) 표시되어 있는 사전이 많다. 예를 들어서 「普及(ふ
きゅう)」를 찾아보면 「ス自」로 나와 있는데, 이는 다시 말해서 「普及す
る」의 형태가 자동사이기 때문에 이 경우는 보통 「~される」의 꼴로는
쓰이지 않는다는 뜻이다. 「強化(きょうか)」와 같은 단어는 사전에 「ス他
」로 나와 있어 타동사로 쓰인다는 뜻이다. 따라서 이 경우는 "~가(이)
강화되다"라고 할 때 일본어로도 「~が強化される」라고 표현하면 되는
것이다.

　단, 「決定(けってい)」와 같은 일부 단어는 「ス自他」로 나와 있어 자동사
와 타동사 양쪽으로 쓰이기도 한다.

　또한 이 점에 있어서도 다음(제4절)에 설명하는 인터넷 검색을 통해

- 같은 자격의 어구가 열거될 때
- 대등하거나 종속적인 절이 이어질 때의 절 사이
- 짝을 지어 구별할 필요가 있을 때
- 바로 다음의 말을 꾸미지 않을 때
- 도치된 문장
- 문맥상 끊어 읽어야 할 곳
- 숫자를 나열할 때[5]

등등 15가지 용법을 제시하고 있다.

　일본어 문장에 있어서의 読点 역시 이와 같은 역할을 담당한다. 이에 덧붙여, 한국어의 쉼표와 크게 다른 점은

- 主題を示す「は」「も」などの後に用いる。(주제를 나타내는 "는" "도" 등의 뒤에 사용한다.)
- 文の初めにある接続詞や副詞の後に用いる。[6](문장 첫머리에 있는 접속사나 부사 뒤에 사용한다.)

와 같은 용법들이 더 있다는 사실이다. 즉, 한국어 문장의 쉼표보다 일본어 문장의 読点이 더 폭넓게 쓰인다는 것이다.

2. 한일 양국 일간지의 문장 부호 사용 실태

　실제로 한일 양국어의 문장 속에서 이들 부호가 어느 정도의 빈도로 사용되고 있는지 양국 주요 일간지 기사를 골라 비교해 보았다. 그 결과는 다음 표와 같다.

<도표 3> 한국 주요 일간지의 문장 부호 사용 빈도

	조선일보			중앙일보			동아일보			한국일보			평균
	국제	사회	스포츠	경제	사회	문화	경제	과학	산업	정치	지방	국제	
총문자 수	527	830	405	519	650	634	725	646	615	723	691	555	627.67
마침표 수	15	10	8	12	12	10	15	14	11	13	12	8	11.67
쉼표수	3	7	5	3	3	4	6	4	1	4	2	6	4.00
가운뎃 점 수	6	2	0	1	4	3	0	0	9	0	2	0	1.50
부호간 문자수	21.96	43.68	31.15	32.44	34.21	37.29	34.52	35.89	27.95	42.53	43.19	39.64	36.50
문장당 점 수	0.60	0.90	0.63	0.33	0.42	0.70	0.40	0.29	0.09	0.31	0.33	0.75	0.47
문장당 문자수	35.13	83.00	50.63	43.25	54.17	63.40	48.33	46.14	55.91	55.62	57.58	69.38	53.71

<도표 4> 일본 주요 일간지의 문장 부호 사용 빈도

	朝日			読売			毎日			産経			평균
	사회	정치	IT	경제	국제	산업	정치	사회	산업	국제	과학	경제	
総文字 数	587	621	383	366	596	463	574	658	518	434	436	726	530.17
句点数	12	11	7	7	9	10	9	11	11	7	7	9	9.17
読点数	19	22	11	11	18	18	18	13	12	11	16	30	16.58
中点数	1	2	1	3	2	2	4	4	1	0	1	2	1.92
符号間 文字数	18.34	17.74	20.16	17.43	20.55	15.43	18.52	23.50	21.58	24.11	18.17	17.71	19.16
文章当 り点数	1.67	2.18	1.71	2.00	2.22	2.00	2.44	1.55	1.18	1.57	2.43	3.56	2.02
文章当 り文字 数	48.92	56.45	54.71	52.29	66.22	46.30	63.78	59.82	47.09	62.00	62.29	80.67	57.84

이상에서 보듯이 한국어 신문 기사 속의 쉼표나 가운뎃점의 사용빈도보다 일본어 기사 속의 読点이나 中点의 사용빈도가 훨씬 높다는 것을 쉽게 알 수 있다. 그 이유로는 앞에서 지적했듯이, 일본어의 読点이 한국어의 쉼표보다 폭넓게 사용된다는 점 외에, 한국어 신문기사의 경우 새 한글 맞춤법에서 제시한 15가지 용법 가운데 일부에 대해서는 쉼표를 사용하지 않고 있기 때문이다. 다음과 같은 문장들이 그 예라 할 수 있다.

· "정통부는 또 출연금 납부방법은 일시납부와 분할납부 중 사업자가 선택하도록 하되(,) 분할납부의 경우 2분의 1은 허가서 교부 전에 납부하고(,) 나머지 2분의 1은 10년 범위 내에서 업계가 자율적으로 기간을 정해 납부하도록 하겠다고 밝혔다."
· "한나라당은 국정조사권과 주요법안의 처리를 연계시켜 여당을 압박중이나(,) 민주당은 '진행중인 수사에 영향을 줄 국정조사는 실정법 위반'이라며 완강히 반대하고 있다."
· "증권업계에서는 6월말 기준으로 BIS비율이 10%에 못 미치는 은행은 외환(,) 한빛(,) 서울 등 시중은행과 일부 지방은행을 꼽고 있다."
· "미국(,) 러시아(,) 일본 등 16개국이 88년부터 야심차게 추진해온 600억 달러 규모의 ISS프로젝트가 ……"

위의 "(,)" 부분과 같이 "대등하거나 종속적인 절이 이어질 때"나 "같은 자격의 어구가 열거될 때"는 쉼표를 사용해야 내용 파악이 쉬운데도 불구하고 실제로는 사용하지 않는 경우가 종종 있다.

그러나 일본어 문장은 원칙적으로 띄어쓰기를 안 하기 때문에 한국어와 사정이 다르기는 하지만, 이와 같은 곳에 読点을 찍지 않는 경우는 드물다. 만약 실제로 이와 같은 곳에 読点을 사용하지 않는다면 글의 내용에 대한 이해가 상당히 어려워질 것이며, 특히 명사를 열거할 때 그 사이에 読点을 사용하지 않는다면, 두 단어를 열거하는 것이 아니라 하나의 복합명사로 해석될 것이다.

이상과 같이 쉼표 및 가운뎃점의 사용빈도보다 読点 및 中点의 사용 빈도가 훨씬 높은 결과 "부호간 문자수/符号間文字数"에 있어서 한국어 는 36.50인 반면 일본어는 19.16으로 나타나, 한국어의 약 2분의 1에 불 과하다.

또한 "문장당 점수/文章当り点数"를 보아도 한국어 0.47, 일본어 2.02 로 4배 이상의 차이가 난다. 일본어 조사 대상 기사 가운데 이 수치가 가장 작은 기사도 1보다는 크며, 한국어의 경우는 수치가 가장 큰 기사 도 0.90에 그쳐 큰 대조를 이루고 있다.

결론적으로 한국인은 보통 이 정도의 빈도로 문장 부호를 사용한 한 국어 글을 읽는 데 익숙해져 있으며, 일본인은 그보다 훨씬 더 많은 문 장 부호를 사용한 일본어 글을 읽는 데 익숙해져 있다고 할 수 있다. 따 라서 만약 일본인이 위의 수치보다 더 적은 빈도의 문장 부호를 사용해 서 쓴 글을 접하게 된다면, 그것은 결코 읽기 편한 글은 아닐 것이다. 따 라서 정확하게 그 글을 이해하기 위해서 같은 문장을 두 번 읽어야 하 거나, 심지어는 뜻을 잘못 이해할 가능성도 있을 것이다. 한 마디로 가 독성을 크게 저하시키게 된다.

일본어 문장에 있어서도 読点의 용법은 어디까지나 앞에서 언급한 바 와 같은 원칙이 있다는 것이지 모든 문장에서 그 원칙이 그대로 지켜지 고 있는 것은 아니다. 그 원칙은 또한 절대적이거나 항상 명확한 것이 아니라 상당히 애매한 경우가 있기도 하다. 그러나 유사한 사건에 대해 보도한 한국어와 일본어의 다음 기사들을 비교해 보면 분명히 그 차이 를 확인할 수 있다.

· 미국의 조지 W 부시 대통령은 17일 북한의 농축 우라늄을 이용한 핵무기 개발 시인으로 빚어진 위기를 막기 위해 외교적인 수단을 강구할 것이라고 말했다고 워싱턴포스트가 18일 보도했다. 백악관의 스콧 매클렐런 대변인

은 "부시 대통령은 (북핵 문제를) 걱정스럽고 정신이 들게 하는 소식이라고 말했다"고 전하면서 "북핵 문제는 현 단계에서 외교적인 채널을 통해 해결하는 게 최선"이라고 말했다.(조선일보 2002.10.18)

· 北朝鮮の核兵器開発問題で、米政府は基本的に「平和的解決」の方針を示しているが、国内では、共和党を中心に米朝枠組み合意破棄などを求める強硬派と、対話による関与政策継続を模索する穏健派の対立があり、対北政策の方向性に関して、今後、議会の支持取りつけは難航しそうだ。共和党や一部の民主党議員の間では以前から、枠組み合意は、北朝鮮への一方的な譲歩だとして批判する声が強い。(読売新聞 2002.10.18)

· 스웨덴 왕립 학술원은 8일 올해의 노벨 물리학상 수상자로 미국의 레이먼드 데이비스 2세(87)와 리카르도 지아코니(71), 일본의 고시바 마사토니(小柴昌俊·76) 등 3명을 공동 선정했다고 발표했다. 스웨덴 왕립 학술원은 "이들이 우주의 수수께끼를 풀어줄 미스터리 입자인 뉴트리노(중성미자)와 우주 X선을 관측하는 방법을 고안한 공로로 이 상을 받게 됐다"고 밝혔다. (한국일보 2002.10.8)

· スウェーデン王立科学アカデミーは8日、2002年のノーベル物理学賞を、小柴昌俊·東大名誉教授(76)、米ペンシルベニア大のレイモンド·デービス名誉教授(87)、米アソシエイティド·ユニバーシティーズ社のリカルド·ジャコーニ博士(71)の3氏に贈ると発表した。小柴氏は、星が滅ぶ際の超新星爆発で生まれる謎の素粒子、ニュートリノを岐阜県神岡町の観測施設「カミオカンデ」で検出することに成功、これによってニュートリノ天文学が幕を開けた。(毎日新聞 2002.10.8)

3. 한-일 번역에 대한 시사점

번역이나 통역을 할 때 정도의 차이는 있겠으나, 대부분의 사람은 출발어의 간섭을 받거나 지나치게 출발어에 집착해서 결과적으로 도착어가 부자연스러워지는 일이 자주 있다. 이와 같은 현상은 어떤 표현에 대해서만 해당되는 것이 아니며, 句読点과 같은 문장 부호 사용법에 있어서도 똑 같은 간섭 현상이 일어난다. 특히 충분한 경험을 쌓지 못한 예비 번역사들에게는 그 경향이 더 강하게 나타나기 마련이다.

예를 들어서 우리말로 쓰여진 글에서,

"저는, 작년 가을부터 올 봄에 걸쳐서, 친구와 함께, 스포츠센터에서 수영을 배웠습니다."

와 같이 여러 군데 쉼표를 찍지는 않는다. 이 정도의 문장이라면 다음과 같이 쉼표를 하나도 사용하지 않아도 무리가 없으며, 사용하더라도 한 군데밖에 안 될 것이다.

"저는 작년 가을부터 올 봄에 걸쳐서(,) 친구와 함께 스포츠센터에서 수영을 배웠습니다."

그런데, 한-일 번역을 할 때 출발어 텍스트에 쉼표가 없으면 일본어 번역문에도 読点을 사용하지 않고 번역해 버리는 경향이 있다는 것이다. 다음과 같은 문장으로 번역했다고 가정해 보자.

"私は去年の秋から今年の春にかけて友人といっしょにスポーツセンターで水泳を習いました。"

문장이 비교적 짧고 별로 어려운 내용이 아니기 때문에 뜻은 알 수 있지만, 분명히 읽기 편한 글이 아니며 시각적으로도 부자연스러운 느낌을 준다.

"私は、去年の秋から今年の春にかけて、友人といっしょに、スポーツセンターで水泳を習いました。"

이와 같이 적당한 곳에 読点을 사용함으로써 문장의 흐름이 보다 매끄러워지고 그만큼 가독성도 높아진다.

다만 한-일 번역을 함에 있어서 読点의 용법에 대해서 지나치게 신경을 쓰다 보면, 불필요한 곳에 読点 등을 사용해 오히려 매끄러운 문장 흐름을 가로막는 경우도 있다. 다음 예문은 일본어 상급자라 할 수 있는 통역번역대학원 재학생이 실제로 번역한 문장인데, "(、)" 부분이 바로 그러한 예라 할 수 있다.

· この法律において、「条約当事国」とは、条約を締結した(、)国家又は国際機構をいう。
· この法は原子力法に基づく放射性物質及び、これにより(、)汚染された物質については、これを適用しない。
· 半導体部門では細部技術の水準別に、85~111項目で先進国と(、)対等または先進国より優秀だと分析された。

일반적으로 번역이라 하면 출발어를 정확하게 도착어로 옮기고 그 도착어가 자연스러우면 되는 것으로 생각하기 쉽다. 그러나 그뿐 아니라 가독성이라는 측면, 즉 번역된 도착어를 해당 언어의 원어민이 읽었을 때 이해하기 쉽고 문장의 흐름이 매끄러워야 한다는 점도 간과해서는 안 될 것이다. 그 역할을 하는 것 중 하나가 일본어에서는 句読点이다. 수준 높은 번역을 하기 위해서는 그 기초가 보다 단단해야 하므로, 句読点의 용법도 번역의 중요한 측면이라 인식하고 이 점에 대한 대비를 결코 소홀히 해서는 안될 것이다.

제 4 절 신문 헤드라인 표현의 특징 및 그 번역 전략

지금 우리는 정보화시대에 살고 있다. 정보화가 진전되고 인터넷이고도로 발달한 결과 번역시장에 있어서도 각종 홈페이지의 외국어판 등 과거에는 없었던 새로운 번역의 수요가 등장, 증가하고 있다. 한-일 번역시장의 경우 한국의 대표적인 신문사의 일본어 홈페이지가 새로운 유형의 번역 수요 중 하나라 할 수 있다.

신문기사를 번역할 때 "5W 1H", 즉 누가, 언제, 어디서, 왜, 무엇을, 어떻게 했는가를 정확하게 도착어로 옮기는 것이 중요한 점이라 하겠다. 다른 텍스트의 번역과 다소 다른 점은 각 기사마다 반드시 제목(표제, 헤드라인)이 있다는 것인데, 그것을 독자들의 주의를 끌고 본문으로 유도하기 위한 호소력이 담긴 간결하고도 함축미가 있는 표현으로 옮기는 것 또한 기사 본문의 번역 못지 않게 중요한 부분이라 할 수 있다. 헤드라인은 각 기사의 내용을 함축적으로 간결하게 표현한 결과 보통 문장과는 상이한 독특한 표현들이 자주 등장하며, 그것을 다시 다른 외국어로 번역한다는 것은 결코 쉬운 일이 아니다.

여기서는 한국과 일본의 대표적인 신문들의 헤드라인 문말 표현의 특징 및 경향에 대해서 살펴보고, 헤드라인의 한-일 번역에 있어서의 전략에 대해서 생각해 보겠다.

1. 한국 신문의 헤드라인 문말 표현의 특징

먼저 한국 신문의 헤드라인 문말 표현의 경향을 알아보기 위해 문말에 쓰인 단어의 품사별 사용빈도를 조사해 보았다. 한국의 대표적인 3개 일간지의 홈페이지에 등재된 것 중에서 무작위로 추출한 12일분씩의 기사, 즉 3개 일간지 총 36일분의 헤드라인을 조사 대상으로 삼았으며, 특별히 경제면이나 정치면, 사회면 등에 한정하지 않고 모든 기사의 헤드라인을 조사하였다. 헤드라인의 문말에 사용된 단어를 일반적인 품사 분류와는 다소 다르게 분류하여 실제로 어떤 품사가 얼마나 많이 사용되었는지 그 정확한 숫자와 비율을 파악해 보았는데 그 결과는 <도표 5>과 같다.

<도표 5> 한국 신문의 헤드라인 문말 표현

	체언	동작성한자 어명사	명사 + 조사	동사	형용사	부사
조선일보	148 (32.9)	194 (43.1)	6 (1.3)	78 (17.4)	14 (3.1)	10 (2.2)
동아일보	141 (29.5)	214 (44.8)	15 (3.1)	73 (15.3)	31 (6.5)	4 (0.8)
중앙일보	175 (34.5)	198 (39.0)	14 (2.8)	101 (19.9)	15 (3.0)	4 (0.8)
합계	464 (32.3)	606 (42.2)	35 (2.4)	252 (17.6)	60 (4.2)	18 (1.3)

(괄호 안은 비율)

<도표 5>에서 보듯이 문말 표현으로 가장 많이 사용되고 있는 품사는 동작성을 지닌 한자어 명사이며, 다음으로 체언, 동사의 순이다. 그밖에 사용 빈도가 그리 높지는 않지만 형용사, 명사 + 조사, 부사 등의 순으로 사용되고 있다. "명사 + 조사"로 끝나는 형태는 그 비율이 2.4% 에 불과했지만, 일반적인 문장의 문말에는 찾아보기 어려운 헤드라인 특유의 표현이라 할 수 있다. 여기서 분류한 각 품사의 정의와 실제 예는 다음과 같다.

① 체언 : 다음의 ② 이외의 명사로서 고유어 및 외래어 명사, 또는 동작성을 지니지 않은 한자어 명사 등이 이에 포함된다. 대명사, 수사에 대해서도 여기서는 내용상 따로 구분할 필요가 없다고 보고 하나로 묶어서 "체언"으로 분류하였으며, 체언에 접미어 등이

연결되어 체언의 역할을 그대로 유지하는 경우도 여기에 포함시
켰다.
---"~잰걸음"·"~역점"·"~오픈"·"~수억대"·"~20만" 등

② 동작성을 지닌 한자어 명사 : "하다"·"되다" 등을 연결하면 동사로
쓰이는 단어로서, 명사를 다시 이렇게 분류한 것은 헤드라인의 문
말에 상당히 많이 사용되고 있기 때문이다.
---"~반대"·"~증가"·"~향상"·"~보급" 등

③ 명사 + 조사 : 보통 문장 도중에 나오는 표현이지만 헤드라인에서
는 표현을 간결하게 하기 위해서 이와 같은 표현으로 끝나는 경우
가 종종 있다.
---"~7월까지"·"(~는) 집에서"·"~기술로" 등

④ 동사 : 동사의 원형 뿐 아니라 각종 활용형 등이 이에 포함된다.
또한 동사의 활용형에 의존명사와 조사 등이 연결된 표현도 그 핵
심은 동사에 있고 동사의 연장으로 보아 여기에 포함시키기로 한
다.
---"~를 가다"·"~오른다"·"~할 수도"·"~4억 원 넘어" 등

⑤ 형용사 : 형용사의 원형뿐만 아니라 각종 활용형 등도 여기에 포
함된다.
---"~가 아름답다"·"~책임도 커"·"~쉬워진다" 등

⑥ 부사
---"~, 왜 갑자기"·"~공방전 후끈" 등

2. 일본 신문의 헤드라인 문말 표현의 특징

다음으로 일본 신문에 대해서 역시 대표적인 일간지로 꼽히는 아사히 (朝日)신문, 요미우리(読売)신문, 마이니치(毎日)신문에 대해서 같은 방법으로 조사하였다. 한국 신문과 마찬가지로 홈페이지에 등재된 것 중에서 무작위로 추출한 12일분씩의 기사, 즉 3개 일간지 합계 총 36일분의 모든 헤드라인에 대해 조사, 분석하였다. 품사의 분류는 한국어와 대체로 비슷한데, 한국어에는 없는 "形容動詞"가 추가되었으며, 그 조사 결과는 <도표 6>과 같다.

<도표 6> 일본 신문의 헤드라인 문말 표현

	체언	동작성 한자어 명사	명사 + 조사	동사	형용사	형용 동사	부사	기타
朝日 신문	138 (26.1)	245 (46.3)	78 (14.7)	55 (10.4)	4 (0.8)	4 (0.8)	5 0.9)	0 (0.0)
読売 신문	119 (28.9)	201 (48.7)	46 (11.2)	36 (8.8)	5 (1.2)	4 (1.0)	0 (0.0)	1 (0.2)
毎日 신문	72 (23.3)	139 (45.1)	55 (17.8)	37 (12.0)	1 (0.3)	2 (0.6)	2 (0.6)	1 (0.3)
합계	329 (26.3)	585 (46.8)	179 (14.3)	128 (10.2)	10 (0.8)	10 (0.8)	7 (0.6)	2 (0.2)

일본 신문에 있어서도 문말 표현으로 가장 많이 사용되고 있는 것은 동작성을 지닌 한자어 명사이다. 한국어나 일본어나 이와 같은 단어는 간결하면서도(대부분의 경우 두 글자) 함축성이 있어 헤드라인의 문말 표현으로 쓰기에 적합하기 때문이다. 다음으로 체언이 많다는 점 또한 한국 신문과 공통적인 경향이라 할 수 있다.

한국 신문과 비교해서 한 가지 특징적인 차이점이라 할 수 있는 것은 "명사 + 조사"로 끝난 경우가 14.3%에 이르러, 한국의 2.4%와 대조를 이루고 있다는 점이다.

그리고 <도표 5>과 <도표 6>에는 나타나 있지 않으나, 헤드라인 문말에 쓰인 동사의 꼴을 비교해 보면 한 가지 흥미로운 차이점을 발견할 수 있다.

즉, 일본어에서는 문말에 사용된 동사의 꼴은 대부분 "終止形(원형-전체 동사의 80.6%)"인데 반해, 한국어에서는 원형은 전체 동사의 1.5%에 지나지 않는다. 의미상으로나 용법상으로나 실질적으로 일본어의 終止形에 가까운 "~ㄴ다"의 형태는 14.7%에 달하지만, "~ㄴ다"형과 원형을 합쳐도 16.2%에 불과하여 일본어의 終止形이 차지하는 비율 80.6%에 비해 훨씬 낮은 수치이다. 반면, 한국어의 동사 중에는 아래의 예문과 같이 전성어미 "어" 등이 연결되어서 부사형으로 끝난 경우가 많아 전체 동사의 34.6%에 이른다.

예문) ・~사건, 피해액 4억 원 넘어
     ・여야, 언론 국조 증인채택 이견 못 좁혀
     ・현대건설 CB 가격 연일 급등, 액면가 넘어

이와는 대조적으로 한국어의 부사형과 그 의미나 역할이 유사한 일본어 동사의 "連用形"은 전체 동사의 4.8%에 지나지 않았다.

예문) ・チェスにもドーピング檢査　五輪競技入りめざし
     ・チャンピオン自殺:竹地盛治さんが首をつって

위의 두 경우 모두 먼저 중요한 정보에 대해서 간략하게 표현한 다음 한 칸 정도 띄어쓰기를 하거나 " : "기호를 사용해서 뒤에 보충하는 형태를 취하고 있었다. 다시 말해서 문장이 도치된 것과 같은데, 이와 같이 도치된 문장이 아니라면 連用形으로 문말을 끝맺는다는 것은 상당히 어색할 것이다.

이상에서 살펴본 문말 동사의 형태별 비율에 대해 한일 양국어를 비교 조사한 결과를 정리하면 <도표 7>과 같다.

<도표 7> 헤드라인 문말 동사의 형태 비교

	원형 또는 "ㄴ다형"/終止形	부사형/連用形	기　타
한국어	16.2%	34.6%	49.2%
일본어	80.7%	4.8%	14.5%

3. 헤드라인의 한—일 번역 전략

다음으로 한국어에서 일본어로 번역된 헤드라인 가운데서 다소 부적절하거나 부자연스러운 표현의 예를 유형별로 몇 가지 들어 보고 그 개선 방안 및 번역 전략을 제시해 보겠다. "번역의 예"로 인용한 것은 한국의 신문사가 운영하는 일본어 홈페이지에 실제로 게재된 번역 기사의 헤드라인 표현이다. 물론 그 번역이 잘못 되었다는 뜻은 아니지만, 번역을 방법을 다소 달리 함으로써 →표 다음 표현처럼 보다 적절한 헤드라인으로 수정이 가능할 것이다.

1) 간결한 표현으로 번역한다

표현의 간결성은 헤드라인의 생명이다. 통상적인 문장과는 표현 양식이 다르다는 전제 하에 독자들의 주의를 끌고 본문으로 유도하기 위한 호소력 있는 표현을 하기 위해서는 경우에 따라 출발어에 있는 표현이라 할지라도 생략할 수도 있다는 것이 필자의 생각이다. 간결하게 표현하기 위한 구체적인 전략을 조금 더 세분해서 소개하겠다.

(1) 불필요한 조사의 생략

번역의 예)

① 「宗教のお面」をかぶった軍国日本の聖殿

→ 「宗教のお面」かぶった軍国日本の聖殿

② 「バカンスの代わりにボランティア活動を」

→ バカンス代わりにボランティア活動を

③ 李東国のヨーロッパ進出「秒読み」

→ 李東国、ヨーロッパ進出「秒読み」

④ 検察、朝鮮・東亜日報の社主を10日召喚調査

→ 検察、朝鮮・東亜日報社主を10日召喚調査

⑤ 現代アサンの金潤圭社長、投資希望投資家らと９日金剛山へ

→ 金潤圭現代アサン社長、投資希望投資家らと９日金剛山へ

⑥ 「人種差別撤廃会議で日本の教科書歪曲などを糾弾」

→人種差別撤廃会議 日本の教科書歪曲などを糾弾

위에서 각각 먼저 제시한 예문들은 어법상 전혀 문제가 없는 문장이다. 즉 예문①의 경우 명사와 타동사 사이에 보통 조사 "を"가 당연히 있어야 하는 것이며, 또한 예문②③④⑤와 같은 문장에서 명사와 명사 사이에 조사 "の"를 사용한 것은 자연스러운 표현이라 할 수 있다. 그러나 간결성이 요구되는 헤드라인 표현에 있어서는 이것이 반드시 좋은 표현이라고는 할 수 없다. 따라서 꼭 필요하지 않은 조사를 생략하여 위와 같이(→표 다음 표현처럼) 번역하는 것도 하나의 전략이다.

③과 같이 주어 다음의 조사 "の"를 생략함으로써 보다 간결한 표현을 만들 수 있다. 그런데, 이 경우 반 칸 정도 띄어쓰기를 하든가 読点,

또는 " : "와 같은 부호를 사용하지 않으면 문장의 뜻을 제대로 이해기가 어려워지기 때문에 주의할 필요가 있다.

⑤의 최초 번역문 표현은 다소 구어체적인 표현이어서 뉴스 등에서는 보통 이와 같이 말하지만, 문어체, 특히 헤드라인에 있어서는 어순을 약간 바꾸고 "の"를 생략하는 것이 보다 간결한 표현이 된다.

⑥의 경우도 조사 "で"를 생략함으로써 보다 헤드라인다운 표현을 만들 수 있다.

(2) "명사 + 조사" 형태로의 번역

헤드라인의 문말 표현에 대해서는 번역자의 판단이나 번역 스타일, 개성 등에 따라 다양하게 옮길 수 있는 부분이기도 하다. 하지만, 일본 신문에서 실제로 "명사 + 조사" 형태의 문말 표현이 비교적 많다는 것은 일본 독자들이 그와 같은 헤드라인을 읽는 데 익숙해져 있다는 뜻이므로, 번역을 할 때도 조금 더 많이, 의도적으로 "명사 + 조사" 형태를 사용하는 것이 하나의 번역 전략이 될 것이다.

번역의 예)

① 「駐韓日本大使退去など、強硬措置を取るべき」
　　→ 駐韓日本大使退去など強硬措置を

② 三星電子、携帯電話の大量輸出の道を確保
　　→ 三星電子、携帯電話を大量輸出へ

③ 育児休職給与、月10万ウォンに決定
　　→ 育児休職給与、月10万ウォンに

④ 統一憲法、相当期間にわたって意見を聴取すべき
　　→ 統一憲法、長期にわたる意見聴取を

⑤ 「3党の単一大統領候補を選出」
　　→ 「3党の単一大統領候補選出を」, 또는
　　→ 「3党の大統領候補一本化を」

①번 헤드라인은 전체가 다소 길뿐만 아니라 "取るべき"로 끝내는 것은 자연스럽지 못하다. "強硬措置を"에서 끝내는 것이 헤드라인 문말 표현으로서도 적절하고 전체적으로 보다 간결한 표현이 된다.

헤드라인에서는 ②의 최초 번역문 "携帯電話の大量輸出の道を確保"처럼 조사 "の"를 두 개 이상 연속적으로 사용하는 표현은 가능한 한 피하는 것이 바람직하다. 표현이 간결하지 못하며, 헤드라인으로서의 리듬감도 없어지기 때문이다.

③번 문장에서 마지막 부분의 "決定"과 같은 표현은 생략해도 이 문맥에서는 충분히 그와 같은 의미로 해석된다.

④번의 경우도 "聴取を"라고만 표현해도 "～すべきだ" "～したほうがよい"라는 뜻이 되기 때문에 이와 같은 문맥의 헤드라인에서는 굳이 마지막 동사 표현까지 할 필요가 없을 것이다.

⑤번 기사는 민주당의 박모 의원이 3당이 단일 대선 후보를 선출할 것을 하나의 안으로 제시했다는 내용인데, 번역된 헤드라인 표현은 이미 3당이 단일 후보를 선출했다는 의미로 해석된다. 본래의 뜻을 제대로 전달하려면 표현을 약간 바꾸어 "～大統領候補選出を"와 같이 번역하는 것이 바람직하다.

(3) 불필요한 표현·단어의 생략

번역을 함에 있어서 일반적으로 원문에 충실하다는 것은 필요한 자세이지만, 그 결과 문장이 너무 길어지는 등 헤드라인으로서 적절치 않다면 경우에 따라 중요도가 떨어지는 표현을 아예 생략하는 방법도 생각해 볼 수 있다.

번역의 예)
① 双方が互いに新しい疑惑を提起　仁川空港遊休地疑惑事件
　　→ 双方が新しい疑惑を提起　仁川空港遊休地疑惑事件

② 子供と一緒に楽しむ「丘の上の彫刻の世界」

    → 子供と楽しむ「丘の上の彫刻の世界」

③ 米「時と場所を選ばず北朝鮮と条件なしの協議」

    → 米「北朝鮮と条件なしの協議」

④ 改定した母性保護関連法に署名

    → 改定母性保護関連法に署名

⑤ 国内外の経済環境が悪化・・・輸出激減

    → 内外経済環境が悪化・・・輸出激減

①번 번역문에서 "双方が"와 "互いに"는 의미상 겹치는 부분이 있어 반드시 둘 다 표현할 필요가 없으므로 "互いに"라는 표현은 충분히 생략 가능하다.

②번에서 格助詞 "と"에 "~와 함께/~와 같이"라는 의미가 내포되어 있기 때문에 "一緒に"는 생략해도 같은 뜻을 전달할 수 있다.

③번에서 "時と場所を選ばず"라는 말은 결국 "条件なし"라는 의미에 포함된다고 보고 생략할 수 있는 표현이다.

④번에서 "~関連法"를 수식하는 표현으로서는 "改定した~"가 아니라 "改定~"만으로도 충분하다.

⑤번에서 문맥상 "内外~"라고만 해도 "国内外の~"의 뜻으로 해석되므로 "国"는 생략해도 무방하다.

(4) 표현의 간결화

어떤 언어든 유사한 의미를 지닌 다양한 표현들이 있기 마련이다. 그렇다면 특별한 이유가 있는 경우를 제외하고 헤드라인에서는 그 가운데에서 가능한 한 간결한 표현을 사용해서 번역하는 것이 바람직한 전략이 될 수 있다.

번역의 예)

① 「MBC報道、<u>公正性を失いつつある</u>」

   → MBC報道、公正さ欠く

② 「マスコミ社の社主・役員の<u>身柄を拘束しないように</u>」

   → マスコミ社主・役員の身柄拘束は不当

③ 中国に「<u>韓国商品だけを取り扱うデパート</u>」

   → 中国に韓国商品専門デパート

④ <u>新しい概念</u>の肝臓癌治療剤開発

   → 新概念の肝臓癌治療剤開発

⑤ <u>退職者を対象にした利子所得税を減免</u>

   → 退職者の利子所得税を減税

⑥ 蘭芝島から<u>染み出る水</u>が、漢江に<u>流れ込む</u>?

   → 蘭芝島の浸出水が漢江に流入か?

　앞에서도 언급했듯이 일본 신문의 헤드라인 문말에 동사가 쓰이는 경우에는 주로 終止形의 형태를 취한다. ①의 최초 번역문과 같이 "失う"의 활용형에 接続助詞 "つつ"가 연결되고 여기에 또다시 "ある"라는 다른 動詞가 이어지는 형태는 너무 길어서 간결성이 떨어진다. 따라서 별다른 이유가 없으면 보다 간결하게 終止形을 사용하는 것이 바람직하며, 여기서는 바로 앞 名詞와의 관련으로 보아 "失う"보다 "欠く"가 적절한 표현이라 할 수 있다.

　②의 "拘束しないように" 역시 표현이 길어 원문(한국어) 표현이 어떻든 헤드라인으로서는 적절하지 않다. 이 경우는 다른 動詞로 간결하게 끝맺기가 어려우므로 전하고자 하는 바를 "不当"라는 名詞(形容動詞)를 써서 번역하는 것이 하나의 대안이 될 수 있다.

　③④⑥처럼 비슷한 의미의 표현 중에서는 대체로 和語보다 漢語가 더 간결한 경우가 많으므로, 특별히 어색하거나 잘 쓰지 않은 표현이 아니라면 헤드라인에서는 간결한 漢語로 번역하는 것이 좋을 것이다.

(5) 짧은 두 개의 문장(또는 "주어 + 간결한 서술" 형태)으로의 번역

번역의 예)

① 不況の沼に陥った韓日の電子産業

　→ 韓日の電子産業　不況の沼に

② イラストレーション集を出版した少女漫画家の朴ヒジョンさん

　→ 少女漫画家の朴ヒジョンさん　イラストレーション集を出版

③ 産業銀、不渡り企業への貸出や経営ミスなど1000億台の損失

　→ 産銀:1000億台の損失、不渡企業への貸出・経営ミスなどが原因

④ アン・ジョンファンはW杯を輝かせるスター

　→ W杯のスター　アン・ジョンファン

⑤ 携帯電話価格の引き下げ競争再燃か

　→ 携帯電話　価格引き下げ競争再燃か

⑥ 米、韓国・台湾など8の海運業者に港湾荷役の改善を勧告

　→ 米、港湾荷役の改善を勧告　韓国・台湾など8の海運業者に

⑦ 政府、韓国側代表団に対する徹底した調査を行う一方、北朝鮮には遺憾の意を表明

　→ 政府:韓国側代表団を徹底調査、北朝鮮には遺憾を表明

①②의 최초 번역문처럼 주어를 수식하는 문장구조보다는 주어를 앞으로 가져옴으로써 본문으로 유도하기 위한 호소력을 강화할 수 있다. 특히 헤드라인과 같은 문장에서는 수식어는 짧을수록 좋다.

③의 최초 번역문은 헤드라인으로서는 너무 긴 감이 있다. 중요한 정보를 앞으로 가져와 두 문장으로 처리하는 것이 간결하고 이해하기 좋다. 또한 "산업은행"의 축약어로는 "産業銀"보다 "産銀"이라고 표현하는 것이 더 자연스러우며, 번역된 기사 본문에도 "産銀"이라 되어 있었으므로 그렇게 통일하는 것이 바람직하다.

⑤에서 "휴대폰 시장에서 가격인하 경쟁이 다시 벌어질 전망"이라는

내용을 "(동작성을 지닌)명사 + 終助詞「か」"로 처리한 것은 좋은 번역 전략이라 판단된다. 다만 헤드라인 전체로서는 간결한 감이 다소 부족하므로, "携帯電話"만 먼저 단독으로 제시하고 뒷부분은 따로 처리하는 것이 적절한 전략이 된다.

⑦은 헤드라인으로서는 상당히 긴 것인데, 원문이 어떻든 이렇게 긴 헤드라인은 바람직하지 않다. 이를 간결하게 표현하기 위한 방안이 몇 가지 있겠으나, 이 경우에는 수정문과 같이 두 문장으로 처리하는 것이 적절할 것이다.

2) 직역을 피하고 정보 보충을 통해 독자의 이해를 돕는다

한국어와 일본어의 표현의 특징상, 문장구조의 유사성, 동일한 한자어 사용 등으로 인하여 한-일 번역에 있어서도 일반적으로 지나친 직역 현상이 나타나기 마련이다. 필자가 검토한 바에 따르면 이와 같은 현상은 헤드라인의 번역에 있어서도 부분적으로 발견되어 예외는 아니었다. 시간적인 제약, 즉 기사를 선택해서 번역을 종료해야 할 때까지의 시간이 넉넉하지 않다는 점 등을 감안하면 대체로 번역이 잘 이루어지고 있다고 판단되지만, 완벽한 상태는 아니므로 일부 부적절한 사례들에 대해서 검토해 보기로 한다.

번역의 예)

① 政府、南北2回会談の24日ごろ開催を<u>提議</u>
   → 提案
② <u>サンマ操業</u>、日本の対応は非現実的
   → サンマ漁
③ <u>堂々な</u>小泉
   → 堂々たる
④ マスコミ<u>社主2名</u>を再召喚し調査

　　　　→ 2人
　⑤ 株価急落・・・550台割り込む
　　　　→ 550ポイント台を
　⑥ 訪朝団が帰還、16人を連行
　　　　→ メンバー16人を連行

　①일본어에도 물론 "提議"라고 하는 단어가 있지만, 실제로 언론 보도에서는 잘 쓰지 않으며, 보통 이와 같은 문맥에서 "提案"이라고 표현한다.

　②"サンマ"와 "操業" 두 단어 모두 일본어에도 존재하지만, 이 둘이 결합되어 복합어가 되면 "サンマ漁"라고 표현한다.

　③에서 "堂々"라는 형용동사는 다른 형용동사와는 달리 명사를 수식할 때 보통 "～な"의 형태를 취하지 않는다.

　④사람의 수를 세는 助数詞로서 "名"이라는 단어도 자주 쓰이지만 일본의 언론 보도에서는 보통 "人"을 쓰며, 특히 어떤 사건의 용의자나 조사의 대상자에 대해서는 "名"은 적절하지 않다.

　⑤한국의 주가를 나타내는 대표적인 지표, 즉 종합주가지수의 단위는 "포인트"이다. 만약 일본의 대표적인 주가지표, "日経平均株価"도 "포인트"로 표시한다면 굳이 "ポイント"라고 보충해 줄 필요까지는 없겠으나 "日経平均株価"는 "～円～銭"으로 표시하기 때문에 일본 독자의 정확한 이해를 돕는다는 의미에서 "550ポイント"라고 보충하는 것도 하나의 방법이다. 이렇게 함으로써 헤드라인의 표현이 다소 길어져 "간결한 표현"이라는 방향과 모순되는 것 같기도 하지만, 간결하게 표현한 결과 독자의 정확한 이해를 방해한다면 그것은 의미가 없다. 그러므로 경우에 따라서는 문장 전체가 너무 길어지지 않는 범위 내에서 독자의 이해를 돕기 위한 보충도 필요한 것이다.

　⑥두 개의 문장이 간결하고도 옳은 표현으로 번역되어 일견 아무 문

제가 없어 보인다. 그러나 이 헤드라인을 그대로 해석하면, 주어가 "訪朝団"이고 "연행"한 주체 역시 "訪朝団"이 되어 버려 본래의 뜻을 제대로 전달하지 못하고 있다. "メンバー"라는 단어를 보충함으로써 이와 같은 오해를 없앨 수 있다.

4. 정리

　신문의 헤드라인은 독자들의 관심을 끌기 위해 간결하고도 함축적인 표현을 하기 마련이다. 그 결과 특히 문말에는 일반적인 문장과는 다른 독특한 표현들도 자주 사용되는데, 그것을 다시 다른 외국어로 옮긴다는 것은 고난이도의 번역에 속한다. 여기서는 한일 양국 신문 헤드라인의 표현상의 특징을 비교 검토한 다음 헤드라인의 한-일 번역을 함에 있어서의 몇 가지 전략을 제시해 보았다.

　한일 양국어 공히 헤드라인의 문말 표현으로는 동작성을 지닌 한자어 명사를 가장 많이 사용하고 있었다. 일반적인 문장과 다른 큰 차이점으로서, 한국어 헤드라인에는 "~어(해)"의 꼴을 취한 동사가 많이 사용되고 있었으며, 일본어 헤드라인에는 "명사 + 조사"의 형태가 비교적 많이 쓰이고 있었다.

　헤드라인의 한-일 번역에 있어서는 다른 텍스트의 경우와는 번역 전략을 달리할 필요가 있으며, 원문으로부터의 간섭에서 자유로워야 한다. 또한 일본 각 신문의 실제 헤드라인 표현의 특징을 숙지하여 간결성에 중점을 둔 번역 전략이 필요하다고 하겠다.

주

1) 石野博史, 『現代外来語考』(東京:大修館, 1983), p.43
2) 『外来語の表記』, 内閣告示第2号(1991.6.28), 前書き
3) 「문교부 고시 제85-11호, 외래어 표기법」 1985, 제3장 제1절 제7항, 『실무자를 위한 새 한글 맞춤법』(서울:연암출판사,1992), p.160
4) 鄭 惠卿, 「韓国人の日本語学習における外来語表記の問題」, 『日本語教育学会 87号』(1995)
5) 남태현, 「실무자를 위한 새 한글 맞춤법」(서울:연암출판사,1992), pp.102-103
6) 保坂弘司, 『文章はどう書くか』(東京:学灯社,1975) pp.124-125

제 3 장

통 역 편

제1절 통역사의 발성

1. 목소리의 중요성

번역은 글로 하고 통역은 말로 한다. 따라서 통역의 출발점, 가장 밑바탕이 되는 것은 바로 목소리다. 똑 같은 표현을 사용하면서 똑 같은 정도로 정확하게 통역을 하더라도, 어떤 목소리로 얼마나 듣기 좋게 말하느냐에 따라 통역의 질(Quality)이 크게 달라진다. 관련된 실화를 하나 소개하겠다.

얼마 전 필자가 어떤 통역 클라이언트로부터 여성 통역사를 한 명 소개해 달라는 연락을 받은 적이 있다. 하루만 하면 되는 통역이었다. 그러면서 한 마디 더 부탁을 했는데, 그것은 "통역 잘하는 사람"을 소개해 달라는 것도 아니고, "경험 많은 사람"도 아니고, "목소리가 밝은 사람"을 소개해 달라는 것이었다.

충분히 이해가 가는 대목이다. 물론 '통역을 제대로 할 줄 아는 실력 있는 통역사'라는 것은 당연한 전제가 되겠지만, 통역 실력이 비슷하다면 누구나 어둡고 기운 없는 목소리보다 밝고 활기찬 목소리를 선호할 것이다.

대부분의 경우 통역은 1~2분, 또는 20~30분만에 끝나는 일이 없다. 2~3시간은 기본이고, 하루에 7~8시간씩 며칠을 계속하는 경우도 있다. 또한 통역을 듣는 청중도 4~5명, 또는 12~13명밖에 안 되는 경우는 드물다. 적게 잡아도 보통 수십 명, 대규모 국제 행사가 되면 수백에서 수천 명에 이르기도 한다.

그렇게 오랜 시간에 걸쳐서, 그렇게 많은 청중들이 통역사의 목소리를 듣게 된다면, 통역을 의뢰하는 입장에서는 통역의 정확성 못지 않게 통역사의 목소리에 대해서도 신경을 쓰지 않을 수 없다. 특히 점심 식사 후 오후 1~3시경은 많은 사람들이 생리적으로 졸리는 시간대인데, 졸음을 쫓는다는 단순한 목적을 위해서라도 밝은 목소리의 통역사를 찾을 것이다.

더군다나 통역의 목적은 많은 경우 어떤 사실 설명에 그치지 않는다. 통역을 듣는 청중에게 정보를 전달하고 뭔가를 더 얻어내려고 한다. 즉, 자신의 입장을 이해시키고 청중으로 하여금 찬동이나 동의를 얻어내려고 하는 경우도 있고, 이해 관계가 대립되었을 때 양보를 얻어내려는 경우, 어떤 신상품을 소개하고 구매를 유도하는 경우 등등 여러 가지 분명한 목적이 있다. 그럴 때에 기운 없고 어두운 목소리의 통역을 듣는 사람과 밝고 활기찬 목소리의 통역을 듣는 사람 중 누가 더 구매 충동을 느끼겠는가?

2. 듣기 좋은 목소리

그렇다면 밝고 활기찬, 듣기 좋은 목소리란 어떤 것일까? 한 예로 일기예보를 하는 기상캐스터의 목소리를 꼽을 수 있다. 시청자들에게 듣기 좋은 목소리로 예보를 해야 하는 직업이기 때문인지 방송사를 막론하고 어느 기상캐스터나 대부분 듣기 좋은 목소리를 가졌다.

그러면 다음으로, 내가 과연 그렇게 듣기 좋은 목소리를 낼 수 있는 방법이 있을까 하는 의문이 생길 것이다. 목소리는 타고난 것이지 쉽게 바꿀 수 있겠냐고 반문할 사람도 있을 것이다. 이 점에 대해 필자는 사람에 따라 다소의 차이는 있겠으나, 누구나 충분히 가능하다고 본다.

적절한 비유가 될지 모르겠지만, 우리의 얼굴 그 자체는 성형수술이라도 하지 않는 이상 단시일 내에 바꿀 수 없다. 그러나 얼굴 표정은 수시로 변한다. 마찬가지로 목소리에도 '표정'이 있다. 누구나 기분 좋은 상태에서 재미있는 이야기를 할 때와 우울한 기분으로 이야기를 할 때의 목소리는 전혀 다르다.

또 한 가지. 요즈음 인기 있는 개그맨들은 기본적으로 유명인사의 성대묘사를 몇 명쯤은 할 줄 알아야 한다. 그러나 개그맨들이라고 해서 모두들 그 능력을 타고난 것은 아니다. 시청자들이 안 보는 곳에서 연습을 거듭한 끝에 가능해진 것이다. 그리고 일반 사람들 중에도 어느 정도 성대묘사를 할 줄 아는 사람들이 있다. 즉 인간의 목소리는 본래 하나가 아니라 조금씩 다른 여러 가지 목소리를 낼 수 있게 되어 있다. 노력 여하에 따라서는 의외로 다양한 소리를 낼 수 있는 발성기관을 가지고 있는 것이다.

결론적으로 통역사는 자신이 가지고 있는 발성기관으로 최대한 듣기 좋은 목소리로 이야기할 수 있도록 연습을 거듭해서 통역할 때 그 목소리를 유지할 수 있도록 노력해야 한다. 조금 더 구체적으로 말하면 다음과 같다.

첫째, 모범이 될만한 사람, 이를테면 기상캐스터나 아나운서 등의 목소리 흉내내기 연습을 한다. 목소리의 크기, '밝기', 톤(높이) 등 여러 측면에 대해서 귀기울여 자세히 듣고 최대한 비슷해지도록 연습을 해 보자.

둘째, 평소에 통역 연습을 할 때부터 7~8미터 앞에 있는 사람과 이야기한다는 생각으로 말한다. 보통 우리가 사적인 대화를 할 때는 바로 앞에 이야기 상대가 있기 때문에 굳이 큰 목소리를 낼 필요가 없다. 그러나 통역할 때도 그와 같은 감각으로 발성하게 되면 목소리에 뭔가 기운이 없는 듯이 들리고 만다. 따라서 7~8미터 앞에 있는 사람에게도 들릴 정도의 목소리를 낼 필요가 있으며, 또한 7~8미터 앞의 한 지점에 소리를 집중시킨다는 마음으로 발성하는 것이 바람직하다. 사방으로 퍼지는 듯한 목소리보다 한 곳에 집중되는 듯한 목소리가 선명하고 깨끗하게 들리기 때문이다.

셋째, 자신이 말한 것을 녹음해서 스스로 들어 보고, 또 다른 사람의 의견도 참고로 해서 보다 듣기 좋은 목소리를 찾는다. (제3장 제3절 3. '소리의 거울'--녹음 참조)

제2절 노트테이킹

순차통역을 할 때 통역사들은 누구나 노트테이킹을 한다. 통역사의 기억을 도와 주는 보조적인 수단이면서도 없어서는 안 될 필수적인 것이기도 하다. 연사가 하는 모든 이야기를 기호만 가지고 노트테이킹하는 것은 아니지만, 여기서는 효과적인 기호 활용법과 그 실제 사례를 소개하겠다.

1. 기존에 널리 사용되고 있는 기호·부호 등의 활용

통역사들은 누구나 독자적으로 기호 등을 개발해서 노트테이킹에 활용하고 있는데, 그 경우에도 기존에 이미 널리 사용되고 있는 기호를 효과적으로 사용한다. 그렇게 함으로써 기호를 새로 개발하는 시간과 기억하기 위한 노고를 덜 수가 있기 때문이다. 또한 기존의 기호들은 모두 어떤 의미나 이미지를 이미 가지고 있으므로 그것을 보는 순간 바로 이미지가 떠올라 통역 재생을 함에 있어서 도착어로의 신속한 변환을 도와 주는 역할도 한다.

↑ 상승, 인상, 향상, 증가 등

⇑ 대폭적인(급속한) 상승/증가 폭등, 급증 등

↓ 하락, 하강, 저하, 후퇴, 감소 등

⇓ 대폭적인(급속한) 하락/저하, 폭락, 격감 등

$ 달러, 돈, 화폐, 통화, 경제 등

Ⓢ 은행

Ⓢ̇ 중앙은행

₩ 원

¥ 엔

€ 유로

@ 인터넷

? 의문, 의혹, 질문 등

! 감탄, 경악, 놀라움 등

% 퍼센트, 비율, 비중, 점유율 등

♡ 사랑, 연애, 데이트 등

♂ 남성, 숫컷

♀ 여성, 암컷

♪ 음악, 곡, 멜로디 등

√ 수학, 계산

< (오른 쪽 것이 왼쪽 것보다)크다

> (오른 쪽 것이 왼쪽 것보다)작다

= 같다, 동등, 평등 등

≠ 다르다, 차이, 불평등, 변화, 변동 등

≒ 비슷하다, 약~

× ~배   例) ×5 다섯 배

÷ 나누다, 분리/분할(하다) 등

Σ 합산, 합계

∞ 무한대, 대량, 방대한

◯ 금지

부호, 기호

㈜ 주식회사

am 오전

pm 오후

ok 승낙, 승인, 허가, 인가 등

2. 계량단위 등의 기호 사용

통역을 함에 있어서 특히 숫자 부분에 대해서는 높은 정확성이 요구된다. 숫자 그 자체가 중요한 정보가 되어, 만약 숫자가 조금이라도 틀리면 정보로서의 가치를 잃어버리거나 아무 정보를 제공하지 않은 것만 못한 경우도 있을 수 있다. 또한 숫자 이외의 다른 부분은 여러 가지 다양한 표현이 가능해서 정확한 통역인지 오역인지 분명치 않을 때도 많지만, 숫자 부분은 그것이 확실하게 판명되기 때문에 정확도가 높아야 하는 것이다.

또한 실제로 통역을 하다 보면 숫자까지는 정확하게 옮겨 놓고도 그 다음 단위 부분에서 틀려 결과적으로 오역이 되어 버리는 경우도 자주 발생한다. 예를 들어서 '50평방미터'를 '50メートル'라고 한다면 전혀 뜻이 달라질 뿐 아니라 문맥이 통하지 않을 것이다. 특히 예비통역사 단계에서는 이와 유사한 경우를 자주 볼 수 있는데, 이에 대비한다는 의미에서도 자주 사용되는 단위 등에 대해서는 기호나 약어를 정확히 기억해

두었다가 언제, 어떤 문맥에서 그것이 나오더라도 제대로 통역할 수 있
도록 해야 할 것이다.

또 한 가지 중요한 점은 계량단위 등은 대부분 외래어인데, 그 일본어
발음(및 표기)을 정확하게 한다는 것이 결코 쉬운 일이 아니다. 한국 발
음과 많이 다른 경우도 있고, 비슷하다고 하더라도 발음을 한국식으로
해 버리면 일본인이 알아듣기 어려울 수도 있기 때문에 발음까지 정확
하게 하도록 하는 자세가 필요하다.

기호	한국어	일본어	비고
cc	씨씨	シーシー	
mℓ	밀리리터	ミリリットル(ミリリッター)	
ℓ	리터	リットル(リッター)	
kℓ	킬로리터	キロリットル(キロリッター)	
μ	미크론	ミクロン	1,000,000μ=1m
mm	밀리미터	ミリメートル(ミリメーター)	
cm	센티미터	センチメートル(センチメーター)	
m	미터	メートル(メーター)	
km	킬로미터	キロメートル	
cm²	평방(제곱)센티미터	平方センチメートル	
m²	평방(제곱)미터	平方メートル	
km²	평방(제곱)킬로미터	平方キロメートル	
cm³	입방(세제곱)센티미터	立方センチメートル	
m³	입방(세제곱)미터	立方メートル	
mg	밀리그램	ミリグラム	
g	그램	グラム	
kg	킬로그램	キログラム	

t	톤	トン	
kt	킬로톤	キロトン	
MT	메가톤	メガトン	100만t=1MT
W	와트	ワット	
kW	킬로와트	キロワット	
MW	메가와트	メガワット	
V	볼트	ボルト	
kV	킬로볼트	キロボルト	
Hz	헬츠	ヘルツ	
kHz	킬로헬츠	キロヘルツ	
MHz	메가헬츠	メガヘルツ	
GHz	기가헬츠	ギガヘルツ	
cal	칼로리	カロリー	
kcal	킬로칼로리	キロカロリー	
dB	데시벨	デシベル	
lx	럭스	ルクス(ルックス)	
ha	헥타르	ヘクタール	1ha=10000㎡
in	인치	インチ	1in=약2.54cm
℃	섭씨	攝氏(せっし)	
~/h	시속~	時速~	
~/s(sec)	초속~	秒速~	
p	피코	ピコ	10^{-12}
n	나노	ナノ	10^{-9}
μ	마이크로	マイクロ	10^{-6}
M	메가	メガ	10^{6}
G	기가	ギガ	10^{9}
T	테라	テラ	10^{12}

3. 방향위치 관련 기호

→   나아가다, 진행하다, 동진하다

←   후퇴하다, 서진하다

↑   올라가(오)다, 북상하다

↓   내려가(오)다, 남하하다

↰   되돌아가(오)다, 귀국하다

↱   방향을 바꾸다, 전환하다, 선회하다

As˙   동북아시아

As·   동아시아

Ė   북유럽

·E   서유럽

A̠m   남미

Af   북아프리카, 아프리카 북부

4. 국가명의 약어

통역의 분야, 통역의 내용을 막론하고 일반적으로 고유명사에 대해서는 특별히 신경을 써서 정확하게 통역하도록 주의해야 한다. 고유명사를 조금이라도 틀리면 대개의 경우 명확하고도 큰 오역이 될 뿐만 아니라, 만약 오역된 고유명사의 당사자나 관계자가 그 통역을 듣는다면 큰 실례가 되기도 한다.

여러 종류의 고유명사 중에서도 중요도가 높고 비교적 자주 사용되는 것이 국가명이다. 국가명을 노트테이킹하는 방법에는 여러 가지가 있을 수 있으나, 한-일 통역을 할 경우에도 주로 알파벳을 많이 사용한다. 그런데 알파벳을 몇 글자까지 적을 것인가 하는 점에 대해서는 한 번 생각해 볼 필요가 있다.

1) 한 글자

만약 어딘가에 K, J, A, C, R와 같은 대문자가 하나씩 그냥 적혀 있다면 그것이 무엇을 의미하는지 알 길이 없다. 그러나 불과 1~2분전에 연사가 나라 이름을 거명했다면 그 기억과 연결시켜서, 각각 한국, 일본, 미국, 중국, 러시아를 가리킨다는 것을 쉽게 알 수 있다. 이렇게 한 글자만 적는다는 것은 시간적으로 빠른 반면 같은 문자로 시작하는 다른 많은 국가명과 혼동할 우려가 있다. 따라서 이야기 속에 너무 많은 국가명이 등장하지 않으면서도 대표적인 국가에 한해서만 이 방법을 택하는 것이 오역의 위험성을 줄일 수 있다.

2) 두 글자

한 글자로 노트테이킹하는 경우보다 혼동할 가능성은 줄어드는 반면, 약간의 차이이기는 하지만 받아 적는 데 시간이 더 걸리게 된다.

例)   한국 — Ko, 또는 SK(South Korea)
      일본 — Ja
      미국 — US
      중국 — Ch
      러시아 — Ru

3) 세 글자

한 글자만 받아 적는 것에 비해서 시간은 조금 더 걸리지만 혼동할 가능성은 훨씬 줄어든다. 올림픽이나 월드컵 등 국제적인 행사에서 이미 국가명을 세 글자로 줄인 약어를 사용하고 있기 때문에 외우는 데도 그다지 많은 시간이 필요하지는 않을 것이다. 연사의 이야기 속에 다수의 국가명이 등장할 때나 비슷한 국가명과의 혼동을 피해야 할 때 이 방법이 효과적이다.

국가명의 정확한 일본어를 확인하는 뜻에서 대표적인 나라에 대해서 약어와 한국어, 일본어를 정리해 두겠다. カタカナ表記가 완전히 통일되지 않아 두 가지 있는 경우에는 괄호 속에 또 다른 표기를 병기하기로 한다.

경우에 따라서는 표 속의 약어 세 글자 가운데 두 글자만 가지고 노트테이킹을 해도 무방하다.

약 어	한 국 어	일 본 어
GUM	괌	グアム
GRE	그리스	ギリシャ
NGR	나이제리아	ナイジェリア
RSA	남아프리카(공화국)	南アフリカ(共和国)
HOL	네덜란드	オランダ
NEP	네팔	ネパール
NOR	노르웨이	ノルウェー
NZL	뉴질랜드	ニュージーランド
NCA	니카라과	ニカラグア
TPE	대만	台湾(タイワン)
DEN	덴마크	デンマーク
GER	독일	ドイツ
RUS	러시아	ロシア
LIB	레바논	レバノン
ROM	루마니아	ルーマニア

LUX	룩셈부르크	ルクセンブルク
LBA	리비아	リビア
MAS	말레이시아	マレーシア
MEX	멕시코	メキシコ
MON	모나코	モナコ
MAR	모로코	モロッコ
MGL	몽고	モンゴル
USA	미국	アメリカ(合衆国)
MYA	미얀마	ミャンマー(ミヤンマー)
BRN	바레인	バーレーン(バレイン)
BAN	방글라데시	バングラデシュ(バングラディシュ)
VEN	베네수엘라	ベネズエラ
VIE	베트남	ベトナム
BEL	벨기에	ベルギー
BRU	부루네이	ブルネイ
PRK	북한	北朝鮮
BUL	불가리아	ブルガリア
BRA	브라질	ブラジル
SAU	사우디아라비아	サウジアラビア
SEN	세네갈	セネガル
SWE	스웨덴	スウェーデン
SUI	스위스	スイス
ESP	스페인	スペイン
SYR	시리아	シリア
SIN	싱가포르	シンガポール
UAE	아랍에메레이트	アラブ首長国連邦

ARG	아르헨티나	アルゼンチン
ISL	아이슬랜드	アイスランド
IRL	아일랜드	アイルランド
AFG	아프가니스탄	アフガニスタン
ALB	알바니아	アルバニア
ALG	알제리아	アルジェリア
ETH	에티오피아	エチオピア
GBR	영국	イギリス
YEM	예멘	イエメン(イエーメン)
AUT	오스트리아	オーストリア
JOR	요르단	ヨルダン
URU	우루과이	ウルグアイ
IRQ	이라크	イラク
IRN	이란	イラン
ISR	이스라엘	イスラエル
EGY	이집트	エジプト
ITA	이탈리아	イタリア
IND	인도	インド
INA	인도네시아	インドネシア
JPN	일본	日本
JAM	쟈마이카	ジャマイカ
CHN	중국	中国
CZE	체코	チェコ
CHI	칠레	チリ
CMR	카메룬	カメルーン
QAT	카타르	カタール
CAN	캐나다	カナダ

KEN	케냐	ケニア
CRA	코스타리카	コスタリカ
COL	콜롬비아	コロンビア
CUB	쿠바	キューバ
KUW	쿠웨이트	クウェート
THA	태국	タイ
TUR	터키	トルコ
PAN	파나마	パナマ
PAR	파라과이	パラグアイ
PAK	파키스탄	パキスタン
PER	페루	ペルー
POR	포르투갈	ポルトガル
POL	폴란드	ポーランド
PUR	푸에르토리코	プエルトリコ
FRA	프랑스	フランス
FIN	핀란드	フィンランド
PHI	필리핀	フィリピン
KOR	한국	韓国
HUN	헝가리	ハンガリー
AUS	호주	オーストラリア
HKG	홍콩	香港(ホンコン)

5. 이미지화

어떤 단어가 가지고 있는 이미지나 개념을 심볼이나 마크, 혹은 간단한 그림 등으로 형상화해서 노트테이킹에 활용한다.

+   병원

✝   기독교, 교회, 종교

□   국가, 나라

卍   불교, 사찰

ꝯ   골프장

⸸   안테나, 통신

○   만족, 찬성, 웃음, 즐겁다 등

⊘   불만, 반대, 슬픔 등

○<   말(하다), 이야기(하다), 발표(하다) 등

△   기업, 회사

☼   전망이 밝음, 맑음, 쾌청

↔   교환, 왕래, 무역, 거래

⟶   관건, 열쇠

∠   예리하다, 날카롭다

<   확산되나, 개방적이다, 개방하다

>   모아지다, 폐쇄적이다, 폐쇄하다

⟷   대립, 결렬

⟶⟵   합의, 의견 접근

6. 접속사접속 표현의 기호

매사에 있어 시작과 끝이 중요하다는 이야기를 많이 한다. 통역에 있어서도 마찬가지다. 크게 보면 이야기의 시작 부분과 마무리 부분, 작게 보면 각 문장의 시작과 끝 부분이 특히 중요하다고 할 수 있다.

문장의 시작 부분에는 여러 표현들이 사용될 수 있는데, 그 가운데 하나가 접속사다. '성분과 성분 또는 문장과 문장을 이어 주는 말'로서, 단순히 이어 주는 것이 아니라 문장과 문장과의 관계를 알려 주는 말이기 때문에 비록 그 표현은 짧을지라도 그 역할은 대단히 중요하다. 접속사

의 남용도 결코 바람직하지는 않지만, 적절한 접속사의 사용은 내용 이
해를 크게 도와 준다.

한국어와 일본어 양 언어에 있어 아주 다양한 접속사(또는 접속의 역
할을 하는 표현)가 있다. 그렇다고 해서 그것들을 하나 하나 따로 기호
화해서 노트테이킹을 할 필요는 없다. 접속사는 원래 그 역할에 따라 몇
개의 갈래로 나눌 수 있는데, 유사한 접속사는 모두 통틀어서 하나의 기
호로, 혹은 그것을 응용하는 식으로 해서 노트테이킹하는 것이 여러 가
지로 효율적이다. 다음과 같은 기호들을 잘 활용함으로써 통역사 자신
의 통역에도 도움이 되고, 그 결과 통역을 듣는 청중들의 이해도 돕게
될 것이다.

<접속사의 분류 및 노트테이킹의 예>

종류	한 국 어	일 본 어	기호(예)
順接	그래서,그러므로,따라서/그리 하여,그렇게 해서,그러자	それで、そうして、そこで、だから、よって/それにより、それゆえ、これを受けて、このように、すると	∴ → 등
逆接	그러나,그렇지만,하지만,그런데도,그래도/그럼에도 불구하고	しかし、しかしながら、けれども、が、だが、ところが、ですが、それでも/(それ)にもかかわらず、	✓ 등
添加·竝列	그리고,또,또한,게다가,그런데다,더욱이,아울러/뿐만 아니라,이에 덧붙여,한 가지 더 말씀드리면	そして、それから、それに、さらに、また、そのうえ、しかも、併せて、かつ、加えて/それだけでなく、のみならず、そればかりか	& +) 등
轉換	그런데,한편/그건 그렇고,	さて、ところで、一方、では、とにかく	「 등
例示	예컨대,이를테면/예를 들어서,한 예로,그 예를 말씀드리면	たとえば/一例として、その例を見てみますと	ex) 등

理由	왜냐 하면,그 이유는,이유를 살펴보면	なぜなら(ば)/そのわけは、その理由は、その理由を考えてみると	∵ ? 등
選擇	혹은,또는,아니면,내지/그렇지 않으면	あるいは、または、もしくは、ないし、それとも/(それ)でなければ	or 등
仮定	만일,만약,가령,혹시,	もし、仮に、万一、万が一	if) 등

7. 시제시간 관련 표현의 기호

　문장의 시작 못지 않게 문장의 마무리 역시 소홀히 할 수 없는 중요한 부분이다. 그러한 의미에서 시제 관련 표현의 통역에는 각별히 주의를 기울여야 하며, 노트테이킹을 하는 단계에서 이 점을 분명히 해 주는 것이 좋다.
　또한 시간이나 기간, 때와 관련된 표현들도 조금이라도 실수를 하면 문장 전체의 의미가 크게 달라질 수도 있기 때문에 많은 집중력과 노트테이킹 상의 대비가 필요하다.

⌐	~했다(과거)
⌐	~할 예정/계획/생각이다(미래)
⌒	~하고 있다/하고 있는 중이다(진행)
→	지금까지, 과거, 그동안
↦	지금부터, 앞으로, 미래, 장차

21C	21세기	19C	19세기
`98	1998년	`02	2002년
70`	(19)70년대	90`	(19)90년대
-1y	작년	+2y	2년 후
-6m	6개월 전	+3m	3개월 후

-w	지난 주	+3w	3주 후
-2d	이틀 전	+10d	열흘 후
-3h	3시간 전	+2h	2시간 후
-25m	25분 전	+40m	40분 후
-10s	10초 전	+35s	35초 후

8. 원소기호 및 화학식

한국이나 일본에서 교육을 받고 생활하는 사람들은 보통 중고등학교 시절 화학 시간에 많은 원소기호나 화학식을 배운다. 그러다가 대학교에 진학한 이후에는 화학과나 화학공학과 등 일부 관련 학문을 전공하는 사람을 제외하고는 더 이상 이들 기호를 다루는 일이 없어져 대부분 잊어버리고 만다.

통역의 현장에서 화학 그 자체를 주제로 하는 국제회의는 많지 않지만, 통역사나 통역사를 지향하는 사람들은 기본적인 원소기호나 화학식을 반드시 알아야 하며, 어떤 물질명을 듣고 그것을 즉시 화학식으로 기록하는 능력까지 요구된다. 그 이유는 다음과 같다.

오늘날 전 세계적인 중요 관심사 가운데 하나로 환경문제가 있다. 환경문제를 논할 때 반드시 등장하는 물질들이 여러 가지가 있는데, 그것들을 우리말이나 일본어, 또는 영어로 메모(또는 노트테이킹)하는 방식으로는 순차통역을 제대로 할 수가 없다. 예를 들어서 '일산화탄소'를 한글로 그대로 받아 적는다면 시간이 너무 많이 걸려 연사의 발화를 따라갈 수 없게 된다. 혹은 '일·탄'과 같이 적을 수도 있겠으나, 재생하는 과정에서 그것이 무엇을 뜻하는지 바로 기억이 나지 않을 수도 있어 결코 바람직한 방법이 되지는 못한다. 이러한 경우에 대비하기 위해서 화학식을 기억해 두었다가 노트테이킹에 효과적으로 활용할 수 있어야 하는 것이다.

또한 환경 관련 등 각종 회의 자료들 중에는 원자기호나 화학식으로 표시된 것들이 많은데(특히 도표 등), 그것이 무엇을 가리키는지 평소에 공부해 두지 않으면 자료를 입수해 놓고도 통역 준비를 하는 데 상당히 많은 시간이 걸리게 된다. 이상과 같은 이유 등으로 통역을 위해서 알아 두어야 할 중요한 원소기호 및 화학식을 정리해 보았다.

일부 용어는 일본어 발음이 상당히 어려운 것도 있으며, 또 한국어와 일본어 표현이 다른 것도 있기 때문에 통역을 할 때, 특히 한국어에서 일본어로 통역할 때는 이 점에 대해서도 주의를 요한다.

<알아두어야 할 원소기호 및 화학식>

기호	한 국 어	일 본 어
H	수소	水素
O	산소	酸素
C	탄소	炭素
N	질소	窒素(ちっそ)
P	인	燐(リン)
Hg	수은	水銀
Pb	납	鉛(なまり)
Cu	구리	銅
Cd	카드뮴	カドミウム
Cr	크롬	クロム
U	우라늄	ウラン
Pu	플루토늄	プルトニウム
CO	일산화탄소	一酸化炭素
CO_2	이산화탄소(탄산가스)	二酸化炭素(炭酸ガス)
NO_X	질소산화물	窒素酸化物
NO	일산화질소	一酸化窒素

NO$_2$	이산화질소	二酸化窒素
SO$_X$	황산화물	硫黄(いおう)酸化物
SO	일산화황	一酸化硫黄
SO$_2$	이산화황(아황산가스)	二酸化硫黄(亜硫酸ガス)
HC	탄화수소	炭化水素
O$_3$	오존	オゾン
C$_6$H$_6$	벤젠	ベンゼン
HNO$_3$	질산	硝酸(しょうさん)

9. 획수가 많지 않은 한자

한자는 표의문자(表意文字)이기 때문에 시각적으로 어떤 의미를 전달하는 효과가 크다. 특히 한국어와 일본어는 둘 다 한자어를 많이 사용하기 때문에, 획수가 많지 않은 한자를 노트테이킹에 도입하는 것도 하나의 좋은 방법이 될 수 있다. 다른 기호도 마찬가지이지만, 한자의 경우도 한 뜻으로만 사용할 것이 아니라 유사한 의미를 가진 몇 개의 단어, 또는 그 한자로 시작되는 몇 개의 단어를 나타낼 수 있다.

大 크다, 큰 것, 대통령
中 중간, 가운데
小 작다, 작은 것
太 굵다, 태평양
人 사람, 인간
子 어린이, 아이
力 힘, 노력
月 달, 월, 월요일
火 불, 화재, 수요일

水 물, 수자원, 수요일
木 나무, 목재, 목요일
土 땅, 흙, 토요일
日 해, 날, 일요일, 일본
正 옳다, 정확, 정의
心 마음, 심정, 심경, 기분
手 손, 수단, 수법

제3절 통역을 하기 전과 하고 난 후

각종 스포츠 종목의 톱스타들은 수많은 관중들 앞에서 현란한 플레이를 선보이며 환상적인 장면들을 연출한다. 그러나 그 명장면들은 우연히 운 좋게 만들어지는 것이 아니라, 보이지 않는 곳에서 피나는 노력을 계속한 결과이다.

통역사의 경우도 마찬가지다. 대규모 국제회의나 정상급 통역을 하는 장면은 화려해 보이지만, 그것을 위해서 통역이 시작되기 오래 전부터 여러 사항에 대해서 철저한 준비를 해야 하고, 통역이 끝난 후에도 다음 통역을 위한 마무리가 이루어져한 한다.

1. 자료 입수

1) 기초 정보

통역의 방식(동시통역, 순차통역, 위스퍼링, 수행통역 등), 통역 장소(회의 장소), 통역 일정 등 아주 기초적인 정보부터 정확하게 확인하고 통역 준비를 시작하도록 한다.

아직까지도 국제회의 등을 처음 개최하는 일부 주최자의 관계자는 동시통역과 순차통역의 개념을 제대로 파악하지 못하는 경우가 있으므로, 그럴 때는 차이점에 대해서 자세히 설명을 해 주고 통역 방식에 있어 착오가 없도록 확인할 필요가 있다.

통역의 일정에 대해서도 시작 시간과 종료 시간 뿐 아니라, 점심 시간과 휴식 시간, 그리고 오찬회나 만찬회 때도 통역을 하는지 등등 자세한 부분까지 확인하도록 한다. 단 대부분의 일정표는 어디까지나 예정 내지는 계획이기 때문에 얼마든지 변동될 수 있다는 점 또한 잊어서는 안 된다.

사실 최근에도 회의나 행사 시작 시간을 정확히 지키는 경우는 드물다. 더군다나 회의를 실제로 진행하다 보면 거의 모든 발언자가 원래 자기에게 주어진 시간보다 길게 이야기하는 경우가 많아서 예정 시간을 크게 초과하기 마련이다. 따라서 일정표 상의 회의(행사) 종료 시간보다 30~40분쯤 늦게 끝나는 것은 당연한 것이라 생각하고 그 다음 스케줄을 잡는 것이 안전하다고 할 수 있다.

2) 참석자 관련 사항

축사나 인사말, 기조강연, 발제, 지정토론, 좌장 등을 맡는 사람에 대해서는 주최측 관계자가 당연히 통역사에게 기본적인 인적 사항에 관한 정보를 사전에 제공해 준다. 이렇게 당연히 주어지는 정보 외에도 통역사가 알아내야 하는 사항들이 몇 가지 더 있다.

① 지정토론자의 소속 등

지정토론자는 보통 발제자의 발표 내용에 대해서 지지나 반론, 지적, 질의, 관련된 자신의 소견 등을 밝힌다. 보통 발언 시간이 그렇게 길지 않은데다, 발제자의 발표를 현장에서 듣고 그에 관한 발언을 하기 때문에 미리 원고를 준비하지 않는 경우가 많다.

그래서 지정토론에 대해서는 사전 준비를 하는 데 어느 정도 한계가 있기도 하지만, 그 사람이 소속된 기관이 어딘지, 그 기관이 어떤 입장에서 어떤 활동이나 연구를 하는지에 따라 발언 내용의 기본적인 방향을 예측할 수가 있다.

알기 쉬운 한 예로서 회의 주제가 '유전자조작식품'이라고 가정해 보자. 만일 지정토론자가 소비자단체나 소비자측 연구소 등에 소속된 사람이라면 당연히 부정적인 입장에서 발언을 할 것이다. 반대로 식품업체측 관계자라면 기본적으로 지지하는 입장에서 발언할 것이라는 점을 쉽게 예측할 수 있다.

이와 같은 배경 정보를 전혀 몰라도 발언자의 발언 내용을 정확히 이해하고 정확히 통역을 할 수도 있다. 그러나 특히 일본사람 중에는 분명하게 찬성, 또는 반대라 하지 않고 상당히 완곡하면서도 간접적인 표현을 사용하는 경우가 많다. 그럴 때에 그 사람의 기본적인 입장을 미리 알고 통역하는 것과 전혀 모르는 상태에서 통역하는 것은 정확도 면에서 분명히 어떤 차이가 날 것이다.

또한 지정토론자 중에서도 미리 발언할 내용을 써 놓는 사람도 있고, 아니면 간단한 메모 정도는 해 두는 경우도 많다. 따라서 주최측 관계자에게 부탁을 하거나 혹은 통역사가 직접 접촉을 해서라도 그것을 입수하면 보다 정확한 통역을 하는 데 도움이 된다.

② 청중

발언자의 소속, 입장, 현재 하고 있는 일 등을 사전에 파악해 두어야한다는 이야기는 회의나 심포지엄에 참석하는 일반 청중에 대해서도 적용된다. 발제와 지정토론자와의 질의 응답 등이 끝난 후 일반 청중들에게도 발언이나 질문을 할 수 있는 기회를 부여하는 경우가 많기 때문이다. 일반 청중에 대해서는 주최측에서 어떤 사람들을 초대했는지, 또는 언론매체 등을 통해서 공고를 했는지를 확인함으로써 간접적으로 예상을 할 수 있다.

또한 일반 청중 내지는 통역을 듣게 되는 주요 참석자가 어떤 사람이냐에 따라서 통역 시 어휘 선택을 달리 해야 하는 경우도 있다. 예를 들어서 'IT업계의 최근 동향'이 주제라고 할 때, 관련 분야의 전문가들이 청중이 된다면 전문용어를 사용하면서 통역하는 것이 바람직할 것이고, 일반 대중이 주된 청중이라면 이해하기 어려운 전문용어는 경우에 따라 피해야 하는 것도 있다.

3) 발표 원고 등

① 개회사, 축사, 격려사, 폐회사, 인사말 등

이와 같은 연설은 연사가 직접 쓰지는 않더라도 대부분의 경우 원고가 사전에 작성되어 있다. 다음과 같은 이유로, 있는 원고는 어떻게 해서라도 반드시 입수해야 한다.

첫째, 원고가 있다는 이유로 그것을 빠른 속도로 낭독해 버리는 연사가 많은데, 만일 그 원고를 통역사가 안 가지고 있다면 속도 면에서 상당한 어려움이 따른다.

둘째, 사전에 작성된 원고는 비록 그 문장이나 표현이 완벽하지는 않다 할지라도 잉여적인 표현 등이 별로 없는 농축된 문장으로 구성되기 때문에 통역사가 원고 없이 따라하기가 대단히 어렵다.

셋째, 이러한 연설문은 주로 고위급 인사들이 낭독하게 되는데, 그런 사람들의 발언 내용은 비교적 큰 무게를 가지므로 오역을 하게 되면 곤란하다.

한편 이러한 종류의 연설문은 보통 미리 쓰여진 대로 낭독하지만, 간혹 부분적으로 수정, 삽입, 삭제를 해서 말할 때도 있다. 따라서 통역사는 원고가 있다고 무조건 그것만 보고 통역할 것이 아니라, 원고대로 낭독하고 있는지 귀기울여 확인하면서 정확하게 통역하는 자세를 잊어서는 안 된다.

② 발제 원고

발제자의 발언 내용(주제발표, 기조강연, 보고 등)에 대해서는 통상 주최측이 연사들에게 원고를 제출하도록 요청하고, 그것들을 모아 자료집과 같은 형태로 인쇄되기도 한다. 그러나 앞서 언급한 연설문과는 달리, 발제 등에 있어서는 사전에 제출된 원고를 그대로 낭독하는 경우는 많지 않다. 낭독한다 해도 부분적으로만 읽고, 대부분 원고에 의존하지 않고 발언하는 연사가 많다.

따라서 통역사는 해당 연사를 회의 전에 만나서 원고를 그대로 낭독할 것인지, 혹은 원고에 의존하지 않고 발표할 것인지에 관한 확인을 받아둘 필요가 있다. 물론 프리 미팅을 하기 위해서는 주최측의 도움도 있어야 한다. 그 결과 원고를 전혀 읽지 않는다 하더라도 통역사는 사전에 원고를 입수해서 그 내용에 대해 충분히 준비를 해 두어야 한다. 원고에 의존하지 않고 발언하는 경우에도 주제 자체가 바뀌지는 않으며, 관련되는 이야기를 하기 때문이다.

주최측에 대해 원고 제공을 요청하는 것은 통역사로서의 당연한 권리이며 또한 의무이기도 하다. 일부 인식이 부족한 주최측 관계자가 '실력만 있으면 자료 같은 것 없어도 통역을 잘 할 수 있지 않겠느냐'라는 식으로 생각하기도 하지만, 최근에는 대부분 통역을 제대로 하기 위한 사전 준비의 필요성을 알고 있기 때문에 가능한 범위 내에서 협조를 해 주고 있다.

따라서 통역사로서는 주최측을 다소 귀찮게 해서라도 입수할 수 있는 자료는 최대한 입수해야 하며, 실제로 통역사의 베테랑들도 이 점에 대해 결코 소홀히 하지 않는다.

2. 통역 준비-전문용어 정리, 배경지식 습득

통역에 대한 정보, 원고를 입수하면 통역사는 곧바로 통역 준비에 착수한다. 특히 개회사, 축사, 격려사, 인사말 등은 원고대로 낭독하는 경우가 많으므로 그 모든 내용을 도착어로 번역해 두는 것이 좋다.

주된 발표 내용에 대해서도 입수한 각종 정보나 관련 자료를 가지고 최선을 다해 통역 준비에 만전을 기해야 한다. 그때 아무리 바쁘고 힘들더라도 다음 사항에 대해서만은 반드시 준비하도록 하자.

첫째, 주제와 관련된 전문용어의 정리다. 사전에 입수한 원고나 관련 자료에는 주제가 되는 분야의 전문용어들이 포함되어 있기 마련인데, 그것들을 한국어와 일본어로 용어리스트를 만든다. 그밖에 회의 석상에서 사용될 것으로 예상되는 용어들도 리스트에 포함시켜서 통역 당일 필요할 때에 활용하도록 한다. 또한 회의 전반을 무난하게 통역하기 위해서는 중요한 용어들에 대해서 기본적인 개념을 이해할 정도가 되어야만 한다.

이를 위해서는 해당 분야의 용어사전 등을 참고로 할 수도 있고, 최근에는 인터넷을 통해서도 많은 준비가 가능해졌다. 또한 해당 분야에 선배나 친구, 아는 사람이 있다면 직접 중요 사항에 대해서 문의를 하거나 자문을 구하는 것도 하나의 방법이다. 나아가서 만일 이와 같은 방법을 동원해도 개념 이해가 안 되는 부분이 있다면 연사에게 직접 문의를 하는 적극적인 자세가 필요하다.

둘째, 주제와 관련된 배경지식의 습득이다. 어떤 통역이든 그 분야의 전문용어만 안다고 되는 것이 아니다. 만일 통역사가 전문용어만 알고 배경지식을 제대로 모른다면 연사들의 발화 내용에 대한 정확한 이해가 어려울 것이고, 통역되는 도착어 문장도 청중들 입장에서 알기 쉬운 것이 못될 것이다.

3. 파트너와의 역할 분담

동시통역은 보통 2명, 내용이 어렵거나 일정 상 힘든 경우에는 3명이 한 조를 이루어서 통역을 하게 된다. 스포츠 경기에 비유한다면 개인종목이 아니라 복식 내지는 단체종목이라고 봐야 하며, 따라서 개인 플레이 뿐만 아니라 콤비 플레이 내지는 팀 플레이가 큰 비중을 차지하기도 한다.

이러한 의미에서 파트너와의 역할 분담은 사전 준비 때부터 이루어져야 한다. 누가 어떤 부분을 담당할 것인지에 대해서 미리 분담하고 그것에 맞추어서 통역 준비를 진행한다.

역할 분담을 할 때는 단순히 어떤 순서에 따라 똑같은 양을 맡는 것보다 팀 플레이의 효과를 최대한 발휘해서 전체적으로 통역의 질이 높아지도록 신경을 써야 한다. 예를 들어서 A라는 통역사는 한-일 통역에 강점이 있고, B라는 통역사는 일-한 통역에 강점이 있다면, 한-일 부분에 대해서는 A통역사가 상대적으로 많은 부분을 맡는 식으로 분담하는 것이다. 통역사는 결코 적다고는 할 수 없는 보수를 받고 통역이라는 서비스를 제공하는 직업이다. 통역사 자신의 입장뿐만 아니라 고객에 해당되는 주최측과 통역을 듣는 청중들에 대한 배려를 잊어서는 안 될 것이다.

4. 다음 통역을 위한 정리

이상과 같이 철저한 준비를 해서 통역을 훌륭하게 해냈다고 하자. 톱 클래스의 통역사가 되기 위해서는 그것으로 만족해서는 안 된다. 다음을 위한 마무리 과정이 남아 있다.

첫째, 실제로 통역을 하다 보면 회의 전에 작성한 용어리스트에 없는 용어들이 등장하기 마련인데, 그것들을 잊어버리기 전에 리스트에 추가해서 자신의 용어집으로서 정리, 보관해 두었다가 다음에 유사한 주제의 통역을 할 때 활용할 수 있도록 한다. 이 점에 있어서도 동료 통역사들과 협조를 해서 서로 주고받게 되면 훨씬 더 효율적으로 보다 큰 규모의 용어집을 만들 수 있다.

둘째, 자신이 통역한 것을 녹음해서 들어본다. 보통 대학원에 다닐 때는 자신의 통역을 녹음해서 열심히 들어보다가도 졸업한 후 프로 통역사가 되고 나면 그렇게 하는 사람이 드물다. 통역한 모든 내용을 다 녹음해서 들을 필요까지는 없으나, 적어도 부분적으로는 꼭 들어보길 권하고 싶다. 전반적으로 정확하고 유창하게 통역이 이루어졌는지 확인한다는 의미도 있고, 혹시 옛날에는 없었던 안 좋은 버릇이 새로 생기지는 않았는지 등에 대해서도 스스로 확인할 필요가 있기 때문이다. 이러한 점에 대해서는 동료 통역사도 솔직한 이야기를 해 주기가 어렵고, 본인 스스로도 통역을 하면서 자신의 발화 내용을 정확하게 들을 수 없다. 반드시 녹음해 두었다가 스스로 체크를 하고 개선할 점은 개선하는 식의 꾸준히 노력하는 통역사에게 발전이 있을 것이다.

제4절 발음을 틀리기 쉬운 한자어

1. 한자어의 발음을 틀리는 이유

한자어 가운데 대부분의 단어는 한자의 음만 바꾸어 주면 일본어에서도 그대로 통한다. 그럼에도 불구하고 일본어로 이야기하거나 한국어에서 일본어로 통역하는 것을 들어 보면, 상급자의 경우도 한자어 부분에서 틀리는 경우가 상당히 빈번하다. 그 이유로서 다음과 같은 것을 생각할 수 있다.

첫째, 일본어의 한자어는 원래 정확한 음을 익히기가 어렵다. 한국어에서는 대부분의 한자는 하나의 음만 가지고 있지만, 일본어에서는 적은 경우에도 두 가지, 많은 경우는 한 한자의 음이 다섯 가지 정도로 다양해지기도 한다.

둘째, 한국의 일본어 학습자는 어느 정도 수준이 높아지면 한자어보다 일본의 고유어인 和語에 보다 많은 관심을 갖게 되는 경향이 있다. 그 결과 한자어 공부를 다소 소홀히 하는 경우도 있어 실제로 한자어를 구사할 때 정확성이 떨어진다.

셋째, 평소에는 한자어를 정확하게 구사하다가도 통역할 때가 되면 한국어의 간섭을 받는다. 예를 들어서 동시통역에 있어 연사가 우리말로 "관세"라는 용어를 사용했다고 가정해 보자. 상급자 수준이 되면 이는 결코 어려운 단어라고는 할 수 없음에도 불구하고 "かんぜい"가 아니라 "かんせい"와 같이 발음을 잘못 해 버리는 경우가 종종 있다. 동시통역은 보통 연사의 발화를 듣고 불과 2~3초 후에 일본어로 옮기게 되는데, 우리말의 [ㅅ(S소리)]발음의 간섭(영향)을 받기 때문이다.

이와 같은 간섭은 순차통역에서도 일어난다. 예를 들어 "분포"라는 말을 듣고 한글로 그렇게 노트테이킹을 할 수 있다. 그러면 시각적으로 [ㅗ] 모음이 보여 그 간섭을 받을 수도 있고, 또는 통역을 하기 전에 연사가 발화한 "분포"라는 소리가 기억 속에 남아 있어 그로 인한 간섭을 받을 가능성도 있다.

실제로 한자어나 외래어보다 和語가 어려운 점이 많고 특히 통역이나 번역을 할 때는 和語의 변환에 신경을 더 많이 써야 한다. 그러나 이상과 같은 이유 등으로 인해서 한자어를 통역함에 있어서도 의외로 많은 오역이 발생한다는 것 또한 사실이다. 그리고 한국어와 일본어 공히 외래어나 고유어보다도 한자어가 사용되는 빈도가 훨씬 높다는 점을 깊이 인식하고, 한자어를 구사함에 있어서의 오류를 줄이도록 노력하는 자세가 필요할 것이다.

　그러한 의미에서 상급자 수준의 일본어를 구사하는 사람들이 일본어
로 이야기할 때, 또는 통역을 하는 과정에서 비교적 자주 틀리거나 틀릴
가능성이 높은 한자어를 정리해 보았다.

　다음에 제시한 사례들은 같은 한자의 일본어로 음만 바꾸어서 옮길
수 있다는 뜻이지 항상 그렇게 하는 것만이 옳다는 뜻은 아니므로 이
점에 대해서도 유의하기 바란다.

2. 주의해야 할 한자어 사례집

한국어	틀린 표현 → 정확한 표현(한자)
가계부	かけいぶ→かけいぼ(家計簿)
가책	かせき→かしゃく(呵責)
각본	かくほん→きゃくほん(脚本)
각서	かくしょ→おぼえがき(覚書き)
간담회	かんだんかい→こんだんかい(懇談会)
간판	かんぱん→かんばん(看板)
감봉	げんぼう/がんぼう→げんぽう(減俸)
강간	きょうかん→ごうかん(強姦)
강속구	きょうそっきゅう→ごうそっきゅう(剛速球)
강인	きょういん→きょうじん(強靭)
개연성	がいねんせい/がいえんせい→がいぜんせい(蓋然性)
건망증	けんもうしょう→けんぼうしょう(健忘症)
건평	けんぺい→たてつぼ(建坪) cf)건폐율--建蔽率(けんぺいりつ)
견본	けんぽん→みほん(見本)
견적	けんせき→みつもり(見積り)
경마	きょうば/けいま→けいば(競馬)

경멸	けいめつ→けいべつ(軽蔑)
경질	こうしつ→こうてつ(更迭)
고문	こもん/ごもん→ごうもん(拷問) cf)顧問(こもん)
고문서	こぶんしょ→こもんじょ(古文書)
곤란	こんらん→こんなん(困難)
공공	こうこう/きょうきょう→こうきょう(公共)
공제	くうじょ→こうじょ(控除)
공항	こうくう→くうこう(空港)
공황	こうこう→きょうこう(恐慌)
과대광고	かだいこうこく→こだいこうこく(誇大広告)
과도기	かどき→かとき(過渡期)
관세	かんせい→かんぜい(関税)
교란	きょうらん→かくらん(撹乱)
교감신경	きょうかんしんけい→こうかんしんけい(交感神経)
교정	きょうせい→こうせい(校正)
	ex)原稿の校正 cf)歯の矯正(きょうせい)
교착	きょうちゃく→こうちゃく(膠着)
구가	くか/くが→おうか(謳歌)
국익	こくいき→こくえき(国益)
권고	けんこく→かんこく(勧告)
굴복	くつぼく→くっぷく(屈服)
극비	きょくひ→ごくひ(極秘)
근사치	きんさち→きんじち(近似値)
금물	きんぶつ→きんもつ(禁物)
기재	きざい→きさい(記載)
나포	なほ→だほ(拿捕)
나침반	なしんばん/らちんばん→らしんばん(羅針盤)
낙농	なくのう→らくのう(酪農)
낙인	なくいん→らくいん(烙印)
난동	なんとう→だんとう(暖冬)

난류	なんりゅう→だんりゅう(暖流)
난폭	らんぼく→らんぼう(乱暴)
날조	なつぞう→ねつぞう(捏造)
납치	らっち→らち(拉致)
내역	ないわけ→うちわけ(内訳)
냉각	れいかく→れいきゃく(冷却)
노고	ろうこ→ろうく(労苦)
노파심	ろうぱしん→ろうばしん(老婆心)
농아	のうあ→ろうあ(聾唖)
누설	ろうせつ→ろうえい(漏洩)
누진	ぬしん/るいじん→るいしん(累進)
녹지	のくち→りょくち(緑地)
다반사	ちゃはんじ→さはんじ(茶飯事)
단식	だんしょく→だんじき(断食)
담보	たんぼ→たんぽ(担保)
당뇨병	とうにょびょう→とうにょうびょう(糖尿病)
대국	だいこく→たいこく(大国)
대기만성	だいきばんせい/たいきまんせい→たいきばんせい(大器晩成)
대두	だいとう→たいとう(台頭)
대마	だいま→たいま(大麻)
대세	だいせい→たいせい(大勢)
대위	だいい→たいい(大尉)
대주주	だいかぶぬし→おおかぶぬし(大株主)
대증요법	だいしょうようほう→たいしょうりょうほう(対症療法)
대차대조표	だいしゃく(たいしゃ)だいしょうひょう
	→たいしゃくたいしょうひょう(貸借対照表)
대하	だいが/たいか→たいが(大河)
도보	とぼ→とほ(徒歩)
도열병	とうねつびょう/いねねつびょう→いもちびょう(稲熱病)
도취	とうしゅ/とうつい→とうすい(陶酔)

도태	とうたい→とうた(淘汰)
독선	どくせん→どくぜん(独善)
독설	どくせつ→どくぜつ(毒舌)
독점	どくぜん→どくせん(独占)
동결	どうけつ→とうけつ(凍結)
동봉	どうほう→どうふう(同封)
동작	どうさく→どうさ(動作)
두통	ずとう/とうつう→ずつう(頭痛)
등산	とうざん/とさん→とざん(登山)
마력	ばりょく→ばりき(馬力)
마취	ましゅ→ますい(麻酔)
만유인력	まんゆういんりょく/ばんゆういんりき
	→ばんゆういんりょく(万有引力)
만전	まんぜん→ばんぜん(万全)
만리장성	まんりのちょうじょう→ばんりのちょうじょう(万里の長城)
망년회	もうねんかい→ぼうねんかい(忘年会)
망원경	もうえんきょう→ぼうえんきょう(望遠鏡)
매연	まいえん→ばいえん(煤煙)
매장	まいぞう→まいそう(埋葬) cf)埋蔵(まいぞう)
면목	めんもく→めんぼく(面目)
면역	めんやく→めんえき(免疫)
멸시	めっし→べっし(蔑視)
명시	めいし→めいじ(明示)
모색	もしょく/もせき→もさく(模索)
묘사	みょうしゃ/びょうさ→びょうしゃ(描写)
무대	むたい/ぶだい→ぶたい(舞台)
묵비권	むくひけん→もくひけん(黙秘権)
미묘	みみょう→びみょう(微妙)
민감	みんかん→びんかん(敏感)
모멸	もめつ→ぶべつ(侮蔑)

모욕	もじょく/ぶよく→ぶじょく(侮辱)
목장	もくじょう→ぼくじょう(牧場)
몰수	もっしゅう→ぼっしゅう(没収)
몽유병	もうゆうびょう→むゆうびょう(夢遊病)
무난	むなん→ぶなん(無難)
무모	むもう→むぼう(無謀)
문맹	むんもう/もんめい→もんもう(文盲)
미망인	みもうじん/みぼうにん→みぼうじん(未亡人)
미숙	みしゅく→みじゅく(未熟)
미행	みこう→びこう(尾行)
박멸	ばくめつ→ぼくめつ(撲滅)
박자	はくし→ひょうし(拍子)
반복	はんぼく/はんぽく→はんぷく(反復)
반비례	はんひれい→はんぴれい(反比例)
반창고	ばんそうこ→ばんそうこう(絆創膏)
반품	はんぴん→へんぴん(返品)
반환	はんかん→へんかん(返還)
발기인	はっきにん→ほっきにん(発起人)
발단	はったん→ほったん(発端)
발발	ばっぱつ/ほっぱつ→ぼっぱつ(勃発)
발작	はっさく→ほっさ(発作)
발족	はっそく→ほっそく(発足)
발탁	ばったく/はってき→ばってき(抜擢)
배우자	はいゆうしゃ/ばいぐうしゃ→はいぐうしゃ(配偶者)
배포	はいほ/はいぷ→はいふ(配布)
번식	ばんしょく/はんしき→はんしょく(繁殖)
범람	ばんらん/ぼんらん→はんらん(氾濫)
범용	ぼんよう/ばんよう→はんよう(汎用)
법회	ほうかい→ほうえ(法会)
변비	べんび→べんぴ(便秘)

보복	ほうほく/ぼうふく→ほうふく(報復)
보수	ほうしゅ/ぼうしゅう→ほうしゅう(報酬)
보편성	ほへんせい→ふへんせい(普遍性)
복수	ふくしゅ→ふくしゅう(復讐)
복음	ふくおん→ふくいん(福音)
복종	ふくじょう/ほくじゅう→ふくじゅう(服従)
부도	ふと→ふわたり(不渡り)
부음	ふくいん/ふおん→ふいん(訃音)
부인	ふにん→ひにん(否認)
부작용	ぶさよう→ふくさよう(副作用)
부지	ぶち/ふくち→しきち(敷地)
분기	ぶんぎ→ぶんき(分岐)
분만	ぶんまん→ぶんべん(分娩)
분비	ぶんび→ぶんぴ(分泌)
분양	ぶんよう→ぶんじょう(分譲)
분지	ぶんち→ぼんち(盆地)
분진	ふんちん/ぶんじん→ふんじん(粉塵)
분포	ぶんぽ→ぶんぷ(分布)
불복	ふほく→ふふく(不服)
불식	ぶっしょく/ふっしき→ふっしょく(払拭)
불연성	ふえんせい→ふねんせい(不燃性)
비등	ひとう→ふっとう(沸騰)
비방	びぼう→ひぼう(誹謗)
비열	びれつ→ひれつ(卑劣)
빈부	ひんぶ/びんぷ→ひんぷ(貧富)
빙산	ひょうさん/びょうさん→ひょうざん(氷山)
사막	さまく→さばく(砂漠)
사법부	しほうぶ→しほうふ(司法府)
산하	さんかわ/さんか→さんが(山河)
상복	そうふく→もふく(喪服)

상쇄　　　　　そうさつ→そうさい(相殺)

상승효과　　　じょうしょうこうか→そうじょうこうか(相乗効果)

상아　　　　　ぞうあ/ぞうが→ぞうげ(象牙)

상용화　　　　じょうようか→しょうようか(商用化)

상중　　　　　そうちゅう→もちゅう(喪中)

색맹　　　　　しょくもう/しきめい→しきもう(色盲)

생태계　　　　せいたいかい→せいたいけい(生態系)

서열　　　　　しょれつ→じょれつ(序列)

석면　　　　　せきめん→いしわた(石綿)

선량　　　　　せんりょう→ぜんりょう(善良)

선린　　　　　せんりん→ぜんりん(善隣)

선발　　　　　せんばつ→せんぱつ(先発)　cf)選抜(せんばつ)

선적　　　　　せんせき→ふなづみ(船積み)

선전포고　　　せんぜんほこく→せんせんふこく(宣戦布告)

선하증권　　　せんかしょうけん/ふねにしょうけん

　　　　　　　→ふなにしょうけん(船荷証券)

세모　　　　　せいも→せいぼ(歳暮)

세속　　　　　せそく→せぞく(世俗)

세제　　　　　せいざい/さいざい→せんざい(洗剤)

소각　　　　　しょうかく→しょうきゃく(焼却)

소박　　　　　そばく→そぼく(素朴)

소아과　　　　しょうじか→しょうにか(小児科)

소인　　　　　しょういん→けしいん(消印)

손익분기점　　そんいきぶんぎてん→そんえきぶんきてん(損益分岐点)

수락　　　　　じゅらく→じゅだく(受諾)

수명　　　　　じゅめい/しゅみょう→じゅみょう(寿命)

수수료　　　　しゅすうりょう→てすうりょう(手数料)

수순　　　　　しゅじゅん→てじゅん(手順)

수의계약　　　すいいけいやく/ずいぎけいやく→ずいいけいやく(随意契約)

수익자부담　　しゅうえきしゃふたん→じゅえきしゃふたん(受益者負担)

수익증권	しゅうえきしょうけん→じゅえきしょうけん(受益証券)
수자원	すいしげん→みずしげん(水資源)
수제	しゅせい→てせい(手製)
수주	しゅちゅう→じゅちゅう(受注)
수지	しゅうじ→しゅうし(収支)
수행	しゅうぎょう→しゅぎょう(修行)
수행	すいこう→ずいこう(随行) cf)遂行(すいこう)
승낙	しょうなく→しょうだく(承諾)
시기상조	じきそうそう/じきしょうぞう→じきしょうそう(時期尚早)
시의	じい→じぎ(時宜)
시정	しせい→ぜせい(是正)
신병	しんべい→みがら(身柄)
신분	しんぶん→みぶん(身分)
신비	しんび→しんぴ(神秘)
신빙성	しんひょうせい/しんびょうせい→しんぴょうせい(信憑性)
신속	しんそく→じんそく(迅速)
신원	しんげん→みもと(身元)
신장	しんぞう→じんぞう(腎臓)
신중	しんじゅう→しんちょう(慎重)
신진대사	しんじんだいしゃ→しんちんたいしゃ(新陳代謝)
실각	しっかく→しっきゃく(失脚)
실업가	しつぎょうか→じつぎょうか(実業家)
심근경색	しんきんこうしょく/しんきんこうさい →しんきんこうそく(心筋梗塞)
악몽	あくもう→あくむ(悪夢)
안도	あんと→あんど(安堵)
암산	あんさん→あんざん(暗算)
야만	やまん→やばん(野蛮)
야맹증	やめいしょう→やもうしょう(夜盲症)
약간	やっかん→じゃっかん(若干)

약정	やくてい→やくじょう(約定)
약탈	やくたつ→りゃくだつ(略奪)
어폐	ごはい→ごへい(語弊)
언어도단	げんごどうだん→ごんごどうだん(言語道断)
여과	よか→ろか(濾過)
여신	じょしん/よしん→めがみ(女神)
여실	よじつ/じょじつ→にょじつ(如実)
연봉	ねんぼう→ねんぽう(年俸)
연비	ねんび→ねんぴ(燃費)
연소	えんしょう/ぜんしょう→ねんしょう(燃焼)
연쇄	れんさい/れんさつ→れんさ(連鎖)
연습	えんしゅう→れんしゅう(練習)
	例)発音の練習(れんしゅう) cf)軍事演習(ぐんじえんしゅう)
연약	なんやく/えんじゃく→なんじゃく(軟弱)
연재	れんざい→れんさい(連載)
연패	れんぱい→れんぱ(連覇) cf)連敗(れんぱい)
연하장	ねんかじょう→ねんがじょう(年賀状)
열람	ねつらん→えつらん(閲覧)
염색	えんしょく→せんしょく(染色)
영구차	れいくしゃ→れいきゅうしゃ(霊柩車)
영재	えいざい→えいさい(英才)
영토	りょうと→りょうど(領土)
와해	わかい→がかい(瓦解)
완곡	わんきょく→えんきょく(婉曲)
완봉	かんふう→かんぷう(完封)
완충	かんちゅう/わんしょう→かんしょう(緩衝)
외과	がいか→げか(外科)
요새	ようせい→ようさい(要塞)
요양	ようよう→りょうよう(療養)
요충	ようちゅう→ようしょう(要衝)

우여곡절	うよこくせつ→うよきょくせつ(紆余曲折)
우화	うわ/ぐわ→ぐうわ(寓話)
운하	うんか/うんがわ→うんが(運河)
원금	げんきん→がんきん/もときん(元金)
원리금	げんりきん→がんりきん(元利金)
위장	いそう→ぎそう(偽装)
유아	ゆうじ→ようじ(幼児)
유예	ゆよ/ゆうえ→ゆうよ(猶予)
유래	ゆうらい→ゆらい(由来)
유린	ゆうりん→じゅうりん(蹂躙)
유모차	にゅうぼしゃ→うばぐるま(乳母車)
유무	ゆうむ→うむ(有無)
유물론	ゆうぶつろん→ゆいぶつろん(唯物論)
유산	りゅうさん→りゅうざん(流産)
유서	ゆうしょ/ゆしょ→ゆいしょ(由緒)
유세	ゆうせい/ゆうせつ→ゆうぜい(遊説)
유심론	ゆうしんろん/ゆしんろん→ゆいしんろん(唯心論)
유언	ゆいげん/ゆうごん→ゆいごん(遺言)
유익	ゆういき→ゆうえき(有益)
유일	ゆういつ→ゆいいつ/ゆいつ(唯一)
육성	ゆくせい→いくせい(育成)
육안	にくあん→にくがん(肉眼)
윤곽	ゆんかく→りんかく(輪郭)
윤전기	ゆんてんき→りんてんき(輪転機)
윤회	りんかい→りんね(輪廻)
음모	いんもう→いんぼう(陰謀)
이비인후과	いびいんこうか→じびいんこうか(耳鼻咽喉科)
이완	いかん/しわん→しかん(弛緩)
이윤	りゆん→りじゅん(利潤)
이행	いこう→りこう(履行) cf)移行(いこう)

익명	いきめい→とくめい(匿名)
인과	いんか→いんが(因果)
인내	いんない/にんない→にんたい(忍耐)
인연	いんえん→いんねん(因縁)
일목요연	いちもくようぜん→いちもくりょうぜん(一目瞭然)
일익	いちいく→いちよく(一翼)
일화	いちわ→いつわ(逸話)
임기응변	いんきおうへん→りんきおうへん(臨機応変)
임대차	にんだいしゃ/いんたいしゃく→ちんたいしゃく(賃貸借)
임상	りんそう→りんしょう(臨床)
임종	りんしゅう/りんじょう→りんじゅう(臨終)
임파선	いんぱせん→リンパせん(淋巴腺)
입각	りっかく→りっきゃく(立脚)
입법부	りっぽうぶ→りっぽうふ(立法府)
입자	りっし→りゅうし(粒子)
입회	りっかい→たちあい(立ち会い)
자급자족	じきゅうじぞく→じきゅうじそく(自給自足)
자력	じりょく→じりき(自力)
자서전	じしょでん→じじょでん(自叙伝)
자업자득	じぎょうじとく→じごうじとく(自業自得)
자존심	じぞんしん→じそんしん(自尊心)
작물	さくぶつ→さくもつ(作物)
	cf)農作物(のうさくぶつ 또는 のうさくもつ)
잠재	さんざい/ぜんざい→せんざい(潜在)
재량	ざいりょう→さいりょう(裁量)
재봉	さいぼう→さいほう(裁縫)
쟁탈	ぞうたつ→そうだつ(争奪)
저인망	ていいんもう→そこびきあみ(底引き網)
적조	せきちょう→あかしお(赤潮)
전자파	でんしは→でんじは(電磁波)

절규	ぜっきゅう→ぜっきょう(絶叫)
점토	てんど→ねんど(粘土)
정맥	せいみゃく→じょうみゃく(静脈)
제휴	ていきゅう→ていけい(提携)
조각	ちょうかく→ちょうこく(彫刻)
조산	そうさん/ぞうさん→そうざん(早産)
조세	そせい/ぞせい→ぞせい(租税)
조예	ぞうげい→ぞうけい(造詣)
조작	そうさく→そうさ(操作)
조정	ちょうせい→ちょうてい(調停)
	例)紛争調停(ふんそうちょうてい)
	cf)의견 조정　意見調整(いけんちょうせい)
조종	そうじょう→そうじゅう(操縦)
존속	ぞんそく→そんぞく(存続・尊属)
종가	しゅうか→おわりね(終(り)値)
종신고용	じゅうしんこよう→しゅうしんこよう(終身雇用)
좌천	ざせん→させん(左遷)
주둔	ちゅうどん→ちゅうとん(駐屯)
주문	ちゅうむん→ちゅうもん(注文)
주물	ちゅうもの/ちゅうぶつ→いもの(鋳物)
주빈	しゅびん→しゅひん(主賓)
주축	しゅちく→しゅじく(主軸)
주치의	しゅちい→しゅじい(主治医)
준설	じゅんせつ→しゅんせつ(浚渫)
중복	じゅうふく→ちょうふく(重複)
중이염	ちゅういえん→ちゅうじえん(中耳炎)
중장	ちゅうしょう→ちゅうじょう(中将)
중재	ちゅうざい→ちゅうさい(仲裁)
중진	じゅうじん→じゅうちん(重鎮)
중추신경	ちゅうすいしんけい→ちゅうすうしんけい(中枢神経)

증발	ぞうはつ→じょうはつ(蒸発)
지연	じえん→ちえん(遅延)
지지	じじ→しじ(支持)
직필	ちょくひつ→じきひつ(直筆)
진료	じんりょう/ちんりょう→しんりょう(診療)
진술	じんじゅつ→ちんじゅつ(陳述)
진열	じんれつ→ちんれつ(陳列)
진정	じんせい→ちんせい(鎮静)
진척	しんせき/しんしゃく→しんちょく(進捗)
진통	ちんつう/じんとう→じんつう(陣痛)
진통제	じんつうぜい/ちんとうざい→ちんつうざい(鎮痛剤)
질병	しつびょう→しっぺい(疾病)
질식	じっそく/ちっしょく→ちっそく(窒息)
질책	じっせき→しっせき(叱責)
집대성	しゅうだいせい→しゅうたいせい(集大成)
집필	じっぴつ→しっぴつ(執筆)
징역	ちょうやく→ちょうえき(懲役)
차관	しゃかん/じかん→しゃっかん(借款) cf)次官(じかん)
차압	さあつ→さしおさえ(差し押え)
차입	しゃくにゅう→かりいれ(借入れ)
착오	ちゃくご/さくお→さくご(錯誤)
착취	ちゃくしゅ/さくしゅう→さくしゅ(搾取)
찰나	さつな→せつな(刹那)
참신	さんしん→ざんしん(斬新)
참패	さんぱい→ざんぱい(惨敗)
참회	さんげ/ざんかい→ざんげ(懺悔)
천식	せんそく→ぜんそく(喘息)
천차만별	せんさまんべつ→せんさばんべつ(千差万別)
철폐	てっぺい→てっぱい(撤廃)
첨부	てんぷ/せんぷ→てんぷ(添付)

초상권	しょぞうけん/しょうそうけん→しょうぞうけん(肖像権)
촉매	しょくまい→しょくばい(触媒)
촉진	しょくしん→そくしん(促進)
촉탁	ちょくたく→しょくたく(嘱託)
최면	さいめん→さいみん(催眠)
추모	ついも→ついぼ(追慕)
추천	ついせん/すいてん→すいせん(推薦)
출납	しゅつのう→すいとう(出納)
충실	じゅうしつ→ちゅうじつ(忠実) cf)じゅうじつ(充実)
치매	ちまい→ちほう(痴呆)
치열	ちれつ→しれつ(熾烈)
친목	しんもく/ちんぼく→しんぼく(親睦)
침목	ちんもく→まくらぎ(枕木)
침몰	ちんもつ/しんぼつ→ちんぼつ(沈没)
타박상	だばくしょう→だぼくしょう(打撲傷)
타성	たせい→だせい(惰性)
타원	たえん→だえん(楕円)
타진	たしん/だちん→だしん(打診)
탄두	たんどう/だんどう→だんとう(弾頭) cf)弾道弾(だんどうだん)
탄력	たんりょく→だんりょく(弾力)
탄핵	だんかく/たんがい→だんがい(弾劾)
탈모	だつもう→だつぼう(脱帽) cf)脱毛(だつもう)
탈취	だっしゅ→だっしゅう(脱臭) cf)奪取(だっしゅ)
토목	どもく→どぼく(土木)
토사	としゃ→どしゃ(土砂)
통수권	とうすけん/とうすうけん→とうすいけん(統帥権)
특종	とくしゅ→とくだね(特種)
파면	はめん→ひめん(罷免)
판도	はんず/はんど→はんと(版図)
편승	べんじょう/びんしょう→びんじょう(便乗)

편의	べんい→べんぎ(便宜)
편중	へんじゅう→へんちょう(偏重)
평사원	へいしゃいん→ひらしゃいん(平社員)
폐지	へいし→はいし(廃止)
폭탄	ぼくだん→ばくだん(爆弾)
표시	ひょうし→ひょうじ(表示)
표지	ひょうじ→ひょうし(表紙)
품의서	ひんぎしょ→りんぎしょ(稟議書)
풍속	ふうそく→ふうぞく(風俗) cf)風速(ふうそく)
필수품	ひっしゅひん→ひつじゅひん(必需品)
하교	かこう→げこう(下校)
하락	からく→げらく(下落)
하물	かもつ→にもつ(荷物) cf)貨物(かもつ)
하역	かやく/にえき→にやく(荷役)
하지	かし/げじ→げし(夏至)
학대	がくたい→ぎゃくたい(虐待)
합병	ごうへい→がっぺい(合併)
합성수지	ごうせいしゅじ→ごうせいじゅし(合成樹脂)
항공	くうこう→こうくう(航空)
항만	こうまん→こうわん(港湾)
향신료	きょうしんりょう→こうしんりょう(香辛料)
향정신약	きょうせいしんやく→こうせんしんやく(向精神薬)
해독제	かいどくざい→げどくざい(解毒剤)
해부	かいぶ→かいぼう(解剖)
해열제	かいねつざい→げねつざい(解熱剤)
행정부	ぎょうせいぶ→ぎょうせいふ(行政府)
현미	げんみ/げんべい→げんまい(玄米)
현미경	けんみきょう→けんびきょう(顕微鏡)
현역	げんやく→げんえき(現役)
혜성	けいせい→すいせい(彗星)

환적	かんせき→つみかえ(積換え/積替え)
황사	おうさ→こうさ(黄砂)
황색인종	こうしょくじんしゅ→おうしょくじんしゅ(黄色人種)
황토	こうど→おうど(黄土)
황하	こうか/こうがわ→こうが(黄河)
회유	かいゆう→かいじゅう(懐柔)
횡포	おうぼ→おうぼう(横暴)
후유증	ごいしょう→こういしょう(後遺症)
흉금	きゅうきん→きょうきん(胸襟)
흥행	こうきょう→こうぎょう(興行)
희노애락	きのあいらく→きどあいらく(喜怒哀楽)

3. '소리의 거울' – 녹음

우리는 모두 하루에도 여러 차례씩 거울을 본다. 자기 눈으로 다른 것
은 볼 수 있으나 자신의 얼굴이나 옆모습 등은 거울 없이는 볼 수가 없
기 때문이다. 또한 남성들이 화장을 하지는 않더라도, 머리 모양이 단정
한지, 넥타이를 제대로 맺는지, 옷의 색상은 잘 어울리는지 등을 확인하
기 위해서 거울을 본다. 이는 사회생활을 함에 있어서 기본적인 에티켓
을 지키기 위해 필요한 것이다.

통역을 직업으로 삼거나 통역사가 되기 위해 공부하는 사람들도 반드
시 거울을 봐야 한다. '소리의 거울'이다.

우리는 귀를 막지 않는 이상 자기가 이야기하는 내용을 본인 스스로
들을 수 있다. 그러나 거기에는 분명히 큰 한계가 있다. 즉 이야기를 할
때는 머리 속으로 계속 무슨 생각을 해야하고, 상대방의 반응도 살펴봐
야 하고, 또 이야기를 하면서 동시에 듣게 되면 아무래도 집중력에 한계
가 있기 마련이다.

그래서 자신의 이야기를 녹음해서 자세히 들어보면 평소에는 전혀 몰랐던 여러 가지 버릇이나 습관을 발견하게 된다. 무의식중에 습관적으로 자주 사용하는 표현이나 어휘, 억양 상의 버릇, 발음상의 버릇, 지나치게 높거나 지나치게 낮은 목소리의 톤, 또는 자주 버벅거리거나 같은 말을 반복해서 하는 등의 좋지 않은 습관을 누구나 하나 정도는 가지고 있는데, 녹음을 해서 스스로 들어 볼 때까지는 그와 같은 습관을 의외로 모르는 경우가 많다. 녹음은 보이지 않는 부분을 보이게 해 주는 '소리의 거울'과도 같은 것이다.

일반 사람이라면 그런 버릇이 있더라도 일상생활을 하는 데 있어 별 지장이 없을 것이다. 그러나 말로써 일하고 말하는 행위 자체를 직업으로 삼고자 한다면 이야기는 달라진다. 통역사는 통역을 듣는 청중들에게 '말'이라는 도구를 통해 서비스를 제공하는 직업이기 때문에 듣기 거북하거나 귀에 거슬리는 말버릇은 없을수록 좋다.

또한 앞서 "발음을 틀리기 쉬운 한자어"에서 제시한 단어들에 대해서, 예를 들어 '항공'이라는 단어를 'くうこう'라고 잘못 발음했음에도 불구하고 본인 스스로는 'こうくう'라고 제대로 발음한 것으로 알고 있는 경우가 예상외로 많다.

이상과 같은 과제를 극복하기 위해서 자신이 말한 내용, 통역한 내용을 가끔씩 녹음해서 꼭 들어 볼 필요가 있다. 문제점을 시정하려면 먼저 문제점을 정확하게 파악하는 것에서 출발해야 하는 것이다.

그리고 대부분의 녹음 테이프는 들어 본 후에 지워 버려도 되지만, 6개월에 하나 정도는 장기 보관할 것을 권하고 싶다. 외국어 공부나 통역 공부는 어느 날 갑자기 실력이 향상되는 것이 아니며, 그 수준을 수치화할 수도 없는 것이기 때문에 자기 스스로 과연 시력이 늘고 있는지, 또는 어느 정도 늘었는지 체감하기 어렵다. 그러나 6개월 전이나 1년 전에 녹음한 것과 현재의 것을 비교해 보면 노력한 만큼의 차이를 확인할 수 있을 것이다.

거울을 보면서 단정한 외모를 가꾸듯이, 녹음해서 스스로 들어 보고 개선해 나감으로써 보다 듣기 좋은 일본어, 듣기 좋은 통역을 할 수 있도록 노력하는 자세가 필요하다.

제5절 효율적인 한-일 동시통역 방안

1. 동시통역에 있어서의 하나의 과제

동시통역이란 어떤 언어(출발어)를 듣고 약간의 시차만을 두고 또 다른 언어(도착어)로 옮기는 작업을 말하는데, 실제로 현장에서 통역을 하다 보면 연사의 말이 지나치게 빨라서 통역사가 그 속도를 쫓아가기 힘든 경우가 자주 있다. 또한, 힘들게 연사의 빠른 말을 쫓아가 거의 모든 내용을 충실하게 전달하였다 하더라도, 청자들에게 있어서는 통역되어 나오는 말이 지나치게 빨라서 내용에 대한 이해가 어려울 때도 있다. 이와 같은 현상은 일-한 동시통역보다 한-일 동시통역에서 더 현저하게 나타나는데, 여기서는 이 점을 하나의 큰 과제로 보고 그 해결방안을 제시해 보고자 한다.

먼저 이상과 같은 과제의 원인으로서 다음 사항들을 꼽을 수 있다.

첫째, 가장 큰 원인은 연사의 말이 빠르다는 것이다. 원고가 있건 없건 대부분의 연사들은 그냥 듣기에는 말이 그리 빠르지 않다고 하더라도 동시통역을 하기에는 너무 빠르며, 뉴스 보도 등을 하는 방송국 아나운서는 더욱 그렇다고 할 수 있다. 그래서, 통역사가 회의 시작 전에 연사들에게 통역을 감안해서 말을 천천히 해 달라고 부탁을 해도, 처음 10분 정도는 의식해서 천천히 이야기를 하다가도 더 이상 시간이 흐르면 평소의 습관대로 말이 빨라지고 만다. 그러나, 극히 일부의 연사가 그렇다면 몰라도 대부분의 연사의 말이 빠르다고 한다면, 통역사는 이를 기정사실로 인정하고 그에 대한 대책을 미리 세우는 것이 바람직한 자세라고 생각한다.

둘째, 같은 양의 정보를 전달하는 경우,

"주식(2음절)"과 "かぶしき(4음절)",
"디지털(3음절)"과 "デジタル(4음절)",
"밝다(2음절)"와 "あかるい(4음절)",
"갑니다(3음절)"와 "いきます(4음절)"

등과 같이 대체로 일본어는 한국어보다 음절수가 다소 많아진다. 실제로 "~합동총회 한국측 회장 인사말"(비공개로 진행된 회의이므로 구체적인 회의명은 안 밝히기로 함)"의 우리말 원문과 일본어 번역문의 총 음절수를 비교해 본 결과 1,587:1,901로 일본어가 1.20배 많았으며, 또한 영어에서 각각 한국어와 일본어로 번역된 글[1]의 음절수를 비교해 본 결과 역시 1,061:1,338로 한국어보다 일본어가 1.26배 많게 나타났다. 결론적으로 같은 정보량을 전달함에 있어서 한국어보다 일본어의 음절수가 더 많아진다는 것이다.

물론 한국어는 폐음절(자음으로 끝나는 음절. 받침이 있는 음절)이 많은데 반해서 일본어는 대부분이 개음절이라는 이유 등으로 인해 같은 한 음절이라도 일본어 쪽이 발화지속시간이 짧다고 생각할 수도 있으나, 일본어에도 "撥音"과 "促音" 등 폐음절이 분명히 있으며, 앞에서 비교했을 때의 일본어의 음절이란 "mora"가 아닌 "syllable"의 개념이다. 즉, 「アン」「コー」「サッ」과 같이 特殊拍으로 연결되는 음은 모두 2mora(2拍)를 1음절로 간주한 것이다.

이와 같이 特殊拍으로 연결되는 음은 한국어의 폐음절보다 발화지속시간이 약 1.5배 길다는 사실[2]에도 불구하고 모두 한 음절로 간주한 점을 감안하면, 한일 양 언어의 한 음절당 평균 발화지속시간은 거의 같다고 볼 수 있을 것이다. 따라서, 한국인 연사가 하는 말을 일본어로 동시통역하기 위해서 통역사는 연사보다 약 1.2배 정도 더 빠른 속도로 이야기하지 않으면 안 된다는 결과가 된다.

셋째, 한국어와 일본어는 그 문법구조 뿐 아니라 표현에 있어서도 흡사한 경우가 많다. 특히, 한국어의 한자어는 대부분 발음만 바꾸면 그대로 일본어로 통용된다고 해도 과언이 아니다(단, 그렇게 했을 경우 통역된 도착어가 다소 어색하거나 부자연스러울 때가 많다). 그래서, 훈련단계에 있는 대학원 재학생뿐만 아니라, 대부분의 한일 통역사들도 원문에 충실하려는 생각이나 혹은 원어(이 경우는 한국어)의 간섭을 받아서 모든 내용을 다 통역하려는 경향이 있으며, 따라서 통역사는 연사보다 훨씬 빠른 속도로 발화하지 않으면 안 된다.

넷째, 원고가 없는 경우는 물론이고 원고가 있는 경우에도 연사가 갑자기 무슨 이야기를 할 지 모르므로, 통역사는 항상 연사보다 말을 늦게 시작할 수밖에 없다. 어느 정도 적절한 시차를 계속 유지하면서 통역을 하더라도 지금까지 지적한 이유 등으로 인하여 빠른 말로 통역해야 할 때가 많은데, 아무리 유능한 통역사라 할지라도 가끔 발음을 잘못하거나 어휘 선택을 잘못하여 수정 발화하거나, 또는 청취·이해나 변환 과정에서 다소 시간이 걸리는 경우가 있기 마련이다. 그러면 당연히 연사와 통역사 간의 발화 시차가 적절한 간격 이상으로 벌어지게 되고, 통역사가 이를 다시 적절한 시차로 좁히기 위해서는 더욱 더 빠른 발화가 요구된다.

2. 과제 해결의 필요성과 그 방법 - 효율화

이상과 같은 원인들 때문에 한-일 동시통역에 있어서 통역사는 연사의 빠른 말보다 더 빠른 속도로 통역하지 않으면 안 되는데, 그렇게 통역된 일본어는 듣는 청자에게 있어서 결코 이해하기 쉽고 듣기 편한 것이 못된다. 그 이유는 앞에서 지적한 바와 같이 통역된 일본어가 지나치게 빠르다는 점이고, 또 그 결과 발음이 부분적으로 불명확해지기도 하기 때문이다.

일본어를 아주 유창하게 구사하는 통역사라 할지라도 어디까지나 일본어는 모국어가 아니다. 특히, 일본어를 빨리 발화하게 되면 "長音"이 짧게 발음되거나 "促音"이나 "撥音"이 제대로 발음되지 않는 등의 현상이 나타나 청자들이 통역되는 내용을 이해하는 데 다소의 어려움을 준다. 그리고 또 한 가지, 연사의 말을 겨우 따라갈 정도로 빠른 속도로 통역을 하다 보면 아무래도 발화하는 데에 많은 신경을 써야 하고, 그 결과 청취·이해와 변환, 그리고 스스로의 발화 내용에 대한 체크, 수정 과정에 큰 지장을 줄 수도 있다.

그렇다면 이러한 문제점을 해결해야 하는데, 그 기본적인 방향은 쉽게 잡을 수 있다. 연사가 말을 빨리 하더라도 통역사는 발화량을 줄여서 발음도 정확하고, 청자들이 듣기 좋고, 청취·이해와 변환, 체크, 수정 과정에 지장을 주지 않을 정도의 속도를 유지하면 되는 것이다.

그러나, 그 구체적인 방법론은 결코 쉬운 것이 아니다. 연사가 말을 빨리 한다는 것은 그만큼 많은 정보를 전달하고 있다는 것인데, 통역사가 정보량을 임의로 줄인다면 그것은 정확한 통역이라 할 수 없을 것이다. 따라서, 이하 출발어의 정보량을 줄이지 않고 중요한 아이디어는 빠짐없이 전달하면서도, 가능한 한 간결한 표현을 함으로써(이를 "통역의 효율화" 또는 "효율적인 통역"이라 칭하기도 한다.) 필자가 지적한 과제에 대한 해결 방안을 제시해 보고자 한다.

3. 효율화의 전제

각종 국제회의나 심포지엄 등에서 연사가 원고 없이 발언하는 경우는 물론이고, 원고가 있는 경우(뉴스 등 방송까지도 포함하여)에도 그것은 어디까지나 사람이 쓴 것이기 때문에 문장의 구성이나 표현 등에 있어서 완벽한 것은 아니다. 한국어는 문법의 구조상 동사 등 서술어가 문말에 오기 때문에 원고 없이 이야기를 하다 보면, 극소수의 달변가를 제외하고는 주어와 서술어가 잘 호응하지 않거나 한 문장이 채 끝나지도 않은 상태에서 또 다른 이야기를 하는 등 잘못된 표현을 하는 경우, 즉 비문(非文)이 상당히 많다.

미리 원고를 작성해서 회의 때에 그것을 그대로 읽는다 하더라도 대부분의 경우 그 원고는 어떤 개인이 혼자 쓴 것이고, 따로 감수 등을 받은 것이 아니기 때문에 여러 가지 오류가 있을 수밖에 없다. 또한, 수백만 명의 시청자를 대상으로 하는 텔레비전 뉴스의 원고조차도 최신 정보를 신속하게 전달해야 하는 시간적인 제약 등으로 인해서 결코 완벽하게 작성되는 것이 아니다. 따라서, 이렇게 완벽하지 못한 문장에는 그만큼 잉여적인 표현과 수정할 수 있는 여지가 많으며, 뿐만 아니라 표현이나 문장 구조상 아무런 하자가 없는 경우에도 효율화의 방법은 충분히 있다는 것이 이 통역 전략의 전제가 된다.

다만, 그렇다고 하더라도 가능한 한 원어에 충실하게 통역하는 것이 바람직한 경우가 많고 효율화의 역기능이나 부작용도 다소 있는 것이 사실이다. 따라서 여기서 말하는 효율화란 주로 연사의 발화가 지나치게 빠를 때에 구사해야 할 방법이라 할 수 있다.

4. 생략

통역의 효율화, 즉 출발어의 정보량을 감소시키지 않고 유지하면서도 간결한 표현을 함으로써 도착어의 발화량을 줄이기 위한 가장 효과적인 방법은 불필요한 표현 자체를 생략하는 것이다. 이를 몇 가지 유형으로 나누어 각각의 실례를 들어보기로 한다.

그에 앞서 이하 제시하는 우리말 예문은 필자가 실제로 통역한 국제회의 등의 원고나 자료, 또는 그와 같은 자리에서 연사가 원고 없이 이야기한 내용, 그리고 방송 뉴스 원고, 각계 전문가들이 출연하여 진행된 TV토론회 등에서 발화된 내용들이다. 즉, 실제로 동시통역된 내용이거나 혹은 충분히 동시통역될 가능성이 있는 표현들이다.

그리고, 각 우리말 표현에 대해서 →표 좌측 혹은 위에 먼저 변환된 일본어는 통역 현장에서 필자의 후배나 동료 또는 필자 자신이 실제로 그렇게 통역한 표현이거나, 통역대학원 재학생이 수업시간에 통역한 표현, 혹은 한일사전 등에 나와 있듯이 일반적으로 일본어로 옮겼을 때에 흔히 나오는 표현들이다. 그 중에는 우리말의 간섭을 받아 자주 발생하는 오류나 다소 부자연스러운 표현(이 경우 '?' 표시를 했음)도 있으나, 통역의 효율화를 감안하지 않는다면 표현 그 자체에는 대부분 문제가 없는 것들이다.

다음으로 →표 우측에 변환된 일본어가 효율화를 염두에 둔 표현으로서 여기서 설정된 과제 해결을 위해 좋은 대안이 될 것이다.

1) 반복되는 표현의 생략

연사가 원고 없이 이야기를 할 때, 상당한 달변가라 하더라도 한 번 했던 말을 불필요하게 두 번 이상 반복하는 경우가 자주 있으며, 미리 작성한 원고에 있어서도 다소 문장이 길어지다 보면 유사한 오류가 발생한다. 한일 동시통역의 경우는 비교적 짧은 시차만을 두고, 출발언어인 한국어에 충실히 통역하려는 경향이 있으므로 이와 같은 경우에 통역사도 똑같이 두 번 따라하기 마련인데, 효율화라는 측면에 신경을 쓰면 이 점을 충분히 개선할 수 있다.

* 표현 사례(「출발어 원문」「직역식 통역」→「효율적인 통역」의 순)

· 저의 생각은……라는 것이 저의 생각입니다.

　　私の考えは……だというのが私の考えです。

　→ 私の考えは……だということです。

　→ 私は……だと思います。

· 결론적으로 말씀드리면……라는 것이 저의 결론입니다.

　　結論として申し上げますと……だというのが私の結論です。

　→ 結論を申し上げますと……だということです。

　→ 結論として……だと私は思います。

· 그 이유를 말씀드릴 것 같으면……라는 것이 이유라 하겠습니다.

　　その理由を申し上げますと……だというのが理由です。

　→ その理由は……です。

· 현재 투표율은 ~%의 투표율을 나타내고 있습니다.

　　現在の投票率は~%の投票率となっています。

　→ 現在の投票率は~%です。

· 19일로 예정된 한약제조시험이 예정대로 시행될 경우~

　　19日に予定されている漢方薬調剤試験が予定どおり行われる場合~

　→ 19日の漢方薬調剤試験が予定どおり行われる場合

· 우리 회사의 교육은 전통적으로 그 시스템과 교육내용이 광범위하며 잘 조직되어 있습니다.

　　当社の教育は、伝統的にそのシステムと教育内容が~

　→ 当社の教育は、伝統的にそのシステムと内容が~

· 한국사람들이 자주 여행하는 곳으로는 경주나 설악산 등으로 자주 여행을 갑니다.

　　韓国の人がよく旅行する所としては、キョンジュやソラク山等をよく旅行します。

　→ 韓国の人がよく旅行する所は、キョンジュやソラク山等です。

　→ 韓国の人は、キョンジュやソラク山等をよく旅行します。

· 저희들이 실시한 수술, 이 수술을 통해서~

　　私たちが行った手術、この手術を通じて~

→ 私たちが行った手術を通じて~
· **30%**의 임금인상, 대폭적인 임금인상이 이루어졌습니다.
  30%の賃金引上げ、大幅な賃金引上げが行われました。
  → **30%**の大幅な賃金引上げが行われました。
· 관련법이 다음 정기국회에서 개정될 예정이고, 그 법이 개정되면~
  関連法が次の通常国会で改正される予定で、その法律が改正されれば~
  → 関連法が次の通常国会で改正されれば~

2) 의미상 중복되는 표현의 생략

일반인들의 언어생활에 있어서나, 각종 국제회의 등에서 연사들이 발언할 때나, 혹은 뉴스 원고에 있어서나, 표현 그 자체는 다르더라도 조금만 생각해 보면 사실상 의미가 중복되는 표현이 실제로 상당히 많이 사용되고 있다. 의미가 중복된다고 해서 물론 틀린 것은 아니지만, 반드시 필요하지 않는 잉여적인 부분이므로 효율화의 큰 대상이 된다.

· 본인 스스로 : 本人自ら → 自ら
· 지금 현재 : 今現在 → 現在 또는 今
· 그리고 또 : そしてまた → また
· 우선 먼저 : まず先に → まず
· 집권 여당 : 執権与党 → 与党
* '집권'을 하면 당연히 '여당'이 되는 것이기 때문에 꼭 이 표현을 둘 다 할 필요는 없으며, 실제로 일본어로는 '執権与党'라고 하면 오히려 어색하게 들린다.
· 화물트럭 : 貨物トラック → トラック
· 경제적 불황 : 経済的不況 → 不況
* '불황'이라 하면 당연히 '경제적'인 측면에 대해서 말하는 것이며, '정치적 불황', '군사적 불황'이라는 것은 없다. 따라서 경우에 따라서 '経済的'라는 말은 생략할 수 있다.

· 감시 모니터 요원 : 監視モニター要員(?) → 監視要員, モニター

· 기술을 갈고 연마해서 : 技術を磨いて研磨して

　　　　　　　　　　　→ 技術を磨いて

· 수단과 방법을 가리지 않고 : 手段と方法を選ばず

　　　　　　　　　　　→ 手段を選ばず

· 학교로 등교한다 : 学校に登校する → 登校する

· 회사에 입사한다 : 会社に入社する → 入社する

· 가격이 갑자기 급등한다 : 価格が急に急騰する

　　　　　　　　　　→ 価格が急騰する

· 또 다른 하나의 이유는~ : もうひとつの別の理由は

　　　　　　　　　　　→ もうひとつの理由は

· 그보다 더 심각한 것은~ : それよりもっと深刻なのは~

　　　　　　　　　　　→ それより深刻なのは

· 해외유학이 급증하고 있는 가운데~

　　　海外留学が急増している中~

　　→ 留学が急増している中~

· 그런 일이 두 번 다시 되풀이되지 않도록~

　　　そのような事が二度と再び繰り返されないよう~

　　→ そのような事が二度と繰り返されないよう~

　　(→ そのような事が繰り返されないよう~)

· 작은 매트리스만을 설치했을 뿐입니다.

　　　小さなマットレスだけを設置しただけです。

　　→ 小さなマットレスを設置しただけです。

· 저 개인적으로는 그 의견에 찬성입니다.

　　　私個人としてはその意見に賛成です。

　　→ 私はその意見に賛成です。

· 김대중 대통령과 푸틴 러시아 대통령은 오늘 오전 정상회담을 갖고~
　　首脳会談を行ない → 会談を行ない → 会談し

* 앞에서 이미 '大統領'라고 했으면 '首脳'라는 단어는 생략할 수 있다.

· 세상 사람들이 흔히 말하듯이~ : 世の中の人々がよく言うように~

→ 人々がよく言うように〜

· 솔직하게 흉금을 터놓고〜 : 率直に胸襟を開いて〜

→ 率直に〜

· 2002년 한 해 동안 : 2002年 1年間 → 2002年

· 1월부터 6월까지 6개월 동안 : 1月から6月まで6か月間

→ 1月から6月まで → 上半期

· 공장이 풀 가동될 예정인 2004년에는〜

工場がフル稼動される予定の2004年には〜

→ 工場がフル稼動される2004年には〜

· 남녀차별 문제, 이것은〜 : 男女差別問題, これは〜

→ 男女差別問題は〜

· 지난번 정상회담 때, 그 자리에서〜 : 先の首脳会談の時, その席で〜

→ 先の首脳会談の席で〜

· 여러 가지 대우나 처우 조건 등〜 : 色々な待遇や処遇条件等〜

→ 色々な処遇条件等〜

3) 형식적인 추상명사 등의 생략

일반 사람도 그러한 경향이 있지만, 각종 국제회의에 참석해서 발언하는 연사들은 의도적이건 아니건 대부분 말을 쉽게 하려 하지 않고 어려운 표현, 어려운 어휘들을 선호하는 경우가 많다. 그 결과 남용되는 표현 가운데 하나로서 실질적인 의미가 별로 없고, 따라서 꼭 필요하지 않은 그저 형식적인 추상명사 등이 있다. 이에는 주로 한자어가 많이 포함된다.

· 부업활동 : 副業活動 → 副業

· 고령화현상 : 高齢化現象 → 高齢化

· 정밀한 분석 작업 : 精密な分析作業 → 精密な分析

· 체제 정비 작업 : 体制の整備作業 → 体制の整備

· 연수과정을 마치고~ : 研修課程を終えて~

　　　　　　　　→ 研修を終えて~

· 정부차원에서 적극적인 대책을 수립해야 할 것입니다.

　　　　政府レベルで積極的な対策を…

　　→ 政府が積極的な対策を…

· 저 같은 경우에는~ : 私のような場合には~ → 私は~

· 서양인들은 대부분의 경우 고기를 잘 먹습니다.

　　西洋人は大部分の場合… → 西洋人は大部分…

· 북한에 대한 남한 주민의 인식 구조를 조사한 바에 따르면~

　　認識構造 → 認識

· 세계는 지금 심각한 식량 부족 상황을 맞고 있습니다.

　　食糧不足状況 → 食糧不足

· 전문가들은 당분간 식량 가격 수준이 안정될 가능성은 없다고 보고~

　　食糧価格水準 → 食糧価格

· ~오늘 보고된 내용에 의하면~

　　今日, 報告された内容によると~ → 今日の報告によると~

· 수도권 지역

　　首都圏地域 → 首都圏

· 통계 숫자를 볼 때 그 중 청소년은 약 9만 2천여 명이라고 합니다.

　　統計の数字 → 統計

· 이는 자기문화의 발전을 도모하기 위한 창조적 통찰력을 얻는 데도 장애 요인이 될 것입니다.

　　障害要因 → 障害 / 妨げ

· 경제적으로 가장 빠른 발전을 이룩한 지역인 아시아는~

　　　　経済的に最も早い発展を遂げた地域であるアジアは~

　　→ 経済的に最も早い発展を遂げたアジアは~

· 에너지위기 문제의 해결을 위해서는 전 국민이 함께~

　　　　エネルギー危機問題の解決のためには, 全国民が共に~

　　→ エネルギー危機の解決のためには, 全国民が共に~

· 동양사회와 서양사회의 큰 차이는~

　　　　東洋社会と西洋社会の大きな違いは〜

　　　→ 東洋と西洋の大きな違いは〜

・그것은 불가능한 것이라고 생각합니다.

　　　　それは不可能なことだと思います。

　　　→ それは不可能だと思います。

・하악전돌이라고 하는 것은〜

　　　　下顎前突というのは〜

　　　→ 下顎前突とは〜

4) 정보 가치가 작은 표현의 생략

　연사들이 발언하는 내용에 대해 통역사가 그것이 중요하다든가 중요하지 않다든가 평가하는 것은 바람직하지 않은 자세일 수도 있으나, 10분이나 또는 그 이상 이야기하는 가운데에는 아무래도 정보 가치가 큰 부분이 있는가 하면 상대적으로 작은 부분이 있기 마련이다. 이를 통역사는 상황에 따라 지혜롭게 판단하여 효율화의 또 다른 대상으로 삼을 수 있다.

・여러분도 잘 아시다시피 : 皆様もよくご存じのように
・앞에서도 말씀드린 바와 같이 : 先程も申し上げましたとおり
・다시 한 번 되풀이가 되겠습니다만 : もう一度繰り返しになりますが
・이 분야는 저의 전문이 아닙니다만 : この分野は私の専門ではありませんが

　이와 같은 표현들은 연사의 말이 그다지 빠르지 않을 때에는 그대로 통역해 주는 것이 좋겠으나, 속도를 따라가기 힘들고 꼭 필요하지 않을 경우에는 이들 표현 자체를 생략해 버려도 문장은 제대로 연결되므로, 그렇게 해서 효율화를 기하는 것이 바람직할 것이다. 이밖에 아래에는 자주 사용되는 표현 중에서 그 일부를 생략할 수 있는 사례를 모아 보았다.

· 두 번째로 지적할 수 있는 것은~ : 2番目に指摘できることは~
　　　　　　　　　　　　　　　　　　→第2に~
· 그 대표적인 문제가 무엇인가 하면
　　その代表的な問題が何かと言いますと~
　→その代表的な問題は~
· 분명히 말씀드릴 수 있는 것은~ : 明らかに申し上げられることは~
　　　　　　　　　　　　　→ 明らかなことは~
· 우리의 경우를 살펴볼 것 같으면~ : 我々の場合を見てみますと~
　　　　　　　　　　　　　→ 我々の場合は~ →我々は~
· 식목일인 오늘 전국에서는 등산객의 부주의 등으로 30여건의 크고 작은
　산불이 일어나 모두 12만여 평의 산림이 탔습니다.
　　大小様々な山火事 → 山火事
· 언제였는지 확실하게 기억은 못하겠습니다만, 세계 경제가~
　　　いつだったか、 はっきり覚えていませんが、 世界経済が~
　→ いつだったか、 世界経済が~
· 이러한 방법이 옳은지 어떤지~ : このような方法が正しいかどうか~
　　　　　　　　　　　　　→ このような方法が正しいか~
· 각종 규제가 있기는 있습니다만 : 各種の規制があることはありますが~
　　　　　　　　　　　　　→ 各種の規制はありますが~

　바로 위에서 "あることは"를 생략하면 원문과 다소 뉘앙스의 차이가 생기지만, "各種の規制" 부분보다 "はありますが" 쪽에 더 악센트를 주게 되면 원래의 뉘앙스에 가까워진다. 이 경우뿐만 아니라 미묘한 뉘앙스의 차이나 강조의 정도 차이 등은 발화의 강약이나 속도 조절로 보완하는 것도 하나의 방법이다.

5) 청자들이 이미 알고 있는 사실 설명의 생략

청자들이 상식적으로 알고 있거나 회의장의 분위기에 의해서 군이 말하지 않아도 참석자 모두가 알 수 있는 사실, 혹은 시각적으로 보이기 때문에 따로 설명할 필요가 없는 사실 등에 관한 표현은 생략해도 무방하다.

- 여기에 계시는 여러분들께서는 : ここにいらっいやる皆様は
  → 皆様は
- 오늘 이 자리에는 많은 분들이~ : 本日この席には大勢の方が~
  → 本日は大勢の方が~
- 지금 보시는 이 슬라이드는~ : ただ今ご覧のこのスライドは~
  → このスライドは~
- 한국과 일본 두 나라 : 韓国と日本、両国 → 両国
- 우리 한국은~ : われわれ韓国は~ → 韓国は~
- 남북통일 : 南北統一 → 統一
- 저는 이 점을 지적하고 싶어서 발언을 신청한 것입니다.
  私は、 この点を指摘したくて発言を申請したのです。
  → 私は、 この点を指摘したかったのです。
- 지난 98년 : 去る98年 → 98年
- 오는 2005년 : 来たる2005年 → 2005年
- 일본에서 가장 높은 산 후지산은~
  : 日本でいちばん高い山、富士山は~ → 富士山は~
- 강남구청은 5월부터 쓰레기의 분리수거를~
  カンナム区役所は5月からごみの分別収集を~
  → カンナム区は5月から…
- 주식회사 삼성전자 : 株式会社サムスン電子
  → サムスン電子
- 유럽연합 EU는~ : ヨーロッパ連合、EUは~ → EUは~

· ICBM, 즉 대륙간탄도미사일은~

 : ICBM、つまり、大陸間弾道ミサイルは~ → ICBMは~

"ICBM"과 같은 경우 통역을 듣는 청중 가운데 일부라도 그 의미를 모른다면, "大陸間弾道ミサイル"라는 표현을 그대로 통역하는 것이 바람직할 것이다. 따라서 청중들의 직업이나 직책, 주요 관심사 등을 미리 파악해 두는 것이 효율적인 통역을 위해서, 혹은 어휘 선택을 위해서 도움이 된다고 할 수 있다.

6) [동작성을 지닌 名詞] + [動詞]→[동작성을 지닌 名詞 + する]

청자들이 많은 공개 석상에서는 이를테면 "결정을 내리다 →決定を下す"처럼 원문 그대로 통역해 주는 것이 무게가 있고 세련된 표현처럼 들리는 경우도 있으나, [동작성을 지닌 名詞] 다음의 [動詞]는 실질적인 의미가 별로 없는 것이기 때문에 효율화에 중점을 두어야 하는 상황에서는 이를 생략하고 하나의 動詞, 즉 [동작성을 지닌 名詞 + する]로 표현하는 것이 바람직하다.

· 회담을 갖다 : 会談を行う → 会談する
· 기자회견을 열다 : 記者会見を開く → 記者会見する
· 간담회를 갖다 : 懇談会を持つ(?) → 懇談する
· 수정을 가하다 : 修正を加える → 修正する
· 승리를 거두다 : 勝利を収める → 勝利する
· 조사를 벌이다 : 調査を行う → 調査する
· 지시를 내리다 : 指示を下す → 指示する
· 결정을 내리다 : 決定を下す → 決定する
· 부상을 입다 : 負傷を負う → 負傷する
· 노력을 기울이다 : 努力を傾ける → 努力する

· 주의를 기울이다 : 注意を傾ける → 注意する
· 난항을 거듭하다 : 難航を繰り返す → 難航する
· 안정세를 보이고 있다 : 安定ぶりを見せている → 安定している

위의 경우와 다소 그 패턴은 다르지만, 아래와 같이 [부사] + [동사]
등의 표현을 그 부사의 의미까지 내포한 한자어 동사 하나로 간결하게
표현하는 방법이 있다.

· 갑자기 감소하다 : 急に減少する → 急減する
· 급격하게 증가하다 : 急激に増加する → 急増する
· 절반으로 줄어들다 : 半分に減る → 半減する
· 두 배로 증가하다 : 2倍に増える → 倍増する
· 자주 발생하다 : 頻繁に発生する → 頻発する, 多発する
· 스스로 정화하는 기능 : 自ら浄化する機能 → 自浄機能
· 한국이 국제박람회 유치에 성공할 경우~
      : 韓国が国際博覧会の誘致に成功した場合~
   → 韓国が国際博覧会を誘致した場合~

7) "受け身"를 사용한 생략

일반적으로 한국어에 있어서 수동표현을 사용하는 빈도보다 일본어
에 있어서의 "受け身"의 빈도가 더 높다고 할 수 있다. 그래서 한국어로
는 능동표현을 하는 경우에도 일본어로는 "受け身"로 표현하는 것이 더
자연스러울 때가 많으며, "受け身" 표현을 하면 음절수가 줄어들기도
한다.
   그런데, 일본어로 자유롭게 대화할 때는 이 "受け身" 표현을 잘 구사
하는 사람도 통역을 할 때는 한국어의 능동표현의 간섭을 받아 "受け
身" 표현의 사용 빈도가 낮아지는 것이 일반적인 경향이다. 따라서, 한-

일 동시통역을 할 때는 평소부터 문맥에 따라 "受け身" 표현으로 통역하는 연습을 해 두었다가 효율화와 자연스러운 일본어라는 일석이조의 효과를 거두도록 노력해야 할 것이다.

- 높은 평가를 받다 : 高い評価を受ける → 高く評価される
- 신뢰를 받다 : 信頼を受ける → 信頼さける
- 의심을 받다 : 疑いがもたれる (疑いを受ける-?) → 疑われる
- 추격 당하다 : 追撃を受ける → 追われる
- 괴롭힘을 당하다 : いじめを受ける(?) → いじめられる
- 부탁을 받다 : 依頼を (頼みを?) を受ける → 頼まれる
- 사랑을 받다 : 愛をもらう (?) → 愛される
- 칭찬(을) 받다 : 賞賛を受ける → ほめられる
- 저주(를) 받다 : 呪いを受ける → 呪われる
- 격려를 받다 : 激励を受ける → 励まされる
- 자극을 받다 : 刺激を受ける → 刺激される
- 상당히 매서운 지적을 받았습니다만~

    相当厳しい指摘を受けましたが~

  → 相当厳しく指摘されましたが~

8) 기타 잉여적 표현들의 생략

이밖에 한국어를 직역하면 일본어로서는 오히려 부자연스러운 잉여적 표현들이 있다. 직역식 표현(→표 위 또는 좌측)이 비록 틀린 것은 아니지만, 통역의 효율화라는 점을 감안하지 않더라도 →표 우측의 표현처럼 하는 것이 더 세련되고 간결하여 듣기 좋을 때가 많다.

(1) 숫자 관련 표현의 생략

- 무게 8킬로그램 : 重さ8キログラム→ 重さ8キロ

· 영조 3년, 즉 1726년에~ : 英祖王3年, つまり1726年に~

  → 1726年に~

· 우리나라에 체류중인 외국인은 모두 약 7만 7천 명이며, 이 가운데 31%인 약 2만 3천 여명이 불법체류자로 밝혀졌습니다.

  …合せてあよそ7万7千人余りで、この内31%のおよそ2万3千人余りが

  → …合せてあよそ7万7千人余りで、この内31%が…

· 실업률이 5.7%에서 5.4%로 0.3% 포인트 감소했습니다.

  …0.3パーセント・ポイント減少しました。

  → …0.3ポイント減少しました。

* '퍼센트포인트'라고 할 때도 있으나, 일본어로는 보통 'パーセント'나 'ポイント' 둘 중 하나만 말한다.

· 올 10월부터 12월까지 4사분기에는~

  今年の10月から12月までの第4四半期には~

  → 今年の第4四半期には~

· ○○당이 지난 2월 23일 K사로부터 30억 원의 정치자금을 받아~

  ○○党が去る2月 23日… → ○○党が 2月…

* 물론 여기서 "23일"이 중요한 의미를 갖는다면 생략해서는 안되지만, 자세한 날짜까지 통역하지 않아도 주요 정보 전달에 하자가 없다면 생략도 가능하다.

(2) 〔A+N1, A+N2〕→〔A+N1, N2〕와 같이 하나의 표현이 여러 개의 명사 등과 연결될 때 반복을 피함.

· 비타민A와 비타민C, 비타민D는~

  ビタミンAとビタミンC、ビタミンDは~

  → ビタミンA、C、Dは~

· 한국경제와 일본경제를 비교하면~

  韓国経済と日本経済を比較すると~

  → 韓国と日本の経済を比較すると~

· 어려운 표현과 어려운 어휘 : 難しい表現と難しい語彙

  → 難しい表現と語彙

· 환경 문제와 식량 문제, 교통 문제 등에 있어서는~

  環境問題や食糧問題、交通問題等においては~

  → 環境や食糧、交通問題等においては~

· 매월 두 번째 일요일과 네 번째 일요일은~

  毎月第2日曜日と第4日曜日は~

  → 毎月第2、第4日曜日は~

· 향후 일·북한 관계는 4자회담의 진행 추이와 남북관계의 진전에 맞추어 추진되어야 한다는~

  今後、日朝関係は4者協議の進行の推移と南北関係の進展に合せて…

  → 今後、日朝関係は4者協議と南北関係の進展に合せて…

· 국내선 항공기의 지연 시간이 2시간 내지 4시간일 때는 요금의 20%를 환불해야 하고, 4시간 이상일 때는 30%를 환불해 줘야 합니다.

  …料金の20%を払い戻さなければならず、4時間以上の時は、30%を払い戻さなければなりません。

  → …料金の20%を、4時間以上の時は、30%を払い戻さなければなりません。

· 98년부터는 신문 발행과 소주 제조업이 외국인에게도 허용되었으며, 99년부터는 주유소 운영도 외국인에게 허용됐습니다.

  98年からは新聞の発行と焼酎製造業が外国人にも許可され、99年からはガソリンスタンドの運営も外国人に許可されままました。

  → 98年からは新聞の発行と焼酎製造業が、99年からはガソリンスタンドの運営が外国人に許可されました。

(3) 서양인의 first name 등의 생략

한-일 통역에 있어서 서양인의 **first name**은 생략해도 무방한 경우가 많으며, 실제로 일본의 뉴스 보도에서는 **family name** 바로 다음에 직책이나 "~氏"를 붙일 때가 더 많다. 또한, 한국인의 이름도 여러 번 거론

될 때는 성만 이야기해도 충분하다.

· 코피 아난 유엔사무총장 : 国連のコフィ・アナン事務総長
　　　　　　　　　　　　→ 国連のアナン事務総長
* '유엔'은 보통 'ユーヱヌ'이라 하지 않고 '国連'이라 한다. 또한 문어체에서
　는 'アナン国連事務総長'처럼 표현하기도 하지만, 구어체에서는 일반적으
　로 '国連のアナン事務総長'라고 한다.
· 조지 부시 미대통령 : アメリカのジョージ・ブッシュ大統領
　　　　　　　　　　　→アメリカのブッシュ大統領
· 블라디미르 푸틴 러시아 대통령 : ロシアのブラジミル・プーチン大統領
　　　　　　　　　　　　　　　　→ロシアのプーチン大統領
· 토니 블레어 영국수상 : イギリスのトニー・ブレア首相
　　　　　　　　　　　→ イギリスのブレア首相
* 일본의 언론 보도에서는 일본 수상(총리)에 대해서만 '総理(大臣)' 또는 '首
　相'라 하고 다른 나라 총리에 대해서는 '首相'라고 한다. 한국의 '국무총리'
　에 대해서도 '首相'라고 표현하지만, 언론보도가 아닌 경우에는 '総理'라는
　표현도 사용한다.
· 김대중 대통령 : キム・デジュン大統領 → キム大統領
· 홍길동 회장 : ホン・ギルドン会長 → ホン会長   …
· 홍길동 씨 : ホン・ギルドンさん (氏) → ホンさん (氏)
* 한국인의 성명에 대해서는 처음에 쓰일 때는 이름까지 말하고 두 번째 이
　후부터 성만 말하도록 하는 것이 바람직하다.

(4) 동격임을 나타내는 "つまり / 即ち" "~である"의 생략

이 표현 역시 일본의 뉴스 보도에서는 생략하는 것이 보통이며, 국제
회의 통역시에도 생략해도 문제가 없다. 다만, 이 경우 동격인 두 명사
사이에 적당한 포즈를 두어 "つまり" 혹은 "即ち"라는 말을 하지 않아
도 앞뒤의 두 명사가 서로 동격임을 쉽게 알 수 있도록 발화상의 주의
가 필요하다.

· EU, 즉 유럽연합은~ : EU、つまりヨーロッパ連合は~

　　　　　　　　　　→ EU、ヨーロッパ聯合は~

· WTO, 즉 세계무역기구는~ : WTO、つまり世界貿易機関は~

　　　　　　　　　　　　→ WTO、世界貿易機関は~

· IPU, 즉 국제의원연맹은~ : IPU、即ち列国議会同盟は~

　　　　　　　　　　　→ IPU、列国議会同盟は~

· ILO, 즉 국제노동기구는~ : ILO、即ち国際労動機関は~

　　　　　　　　　　　→ ILO、国際労動機関は~

· KEDO, 즉 한반도에너지기구

　: KEDO、つまり朝鮮半島エネルギー開発機構

　→ KEDO、朝鮮半島エネルギ-開発機構

· ASEM, 즉 아시아 유럽정상회의

　: ASEM、つまりアジア・ヨーロッパ首脳会議

　→ ASEM、アジア・ヨ-ロッパ首脳会議

· 중국의 수도인 북경은~ : 中国の首都である北京は~

　　　　　　　　　　→ 中国の首都、北京は~

(5) 불필요한 "~たち"의 생략

　복수임을 나타내는 "~들"이라는 표현의 경우, 이를 일본어로 일일이 "たち" 등으로 옮기면 오히려 부자연스러울 때가 많으며, 또 그만큼 음절수도 늘어난다. 그러므로, "~たち"라고 표현하지 않아도 명사의 성격상 복수임을 알 수 있거나, 굳이 복수임을 알리지 않아도 될 때는 이를 생략하는 것이 좋다.

· 일반 시민들 : 一般市民たち → 一般市民

· 아랍 국가들 : アラブ国家たち(?) → アラブ諸国

· 일부 전문가들은~ : 一部の専門家たちは~ → 一部の専門家は~

· 많은 동물들 중에는~ : 多くの動物たちの中には

　　　　　　　　　　→ 多くの動物の中には

· 사람들은 모두 돈을 좋아하는데~ : 人々はみな…

→ 人はみな…

· 항공사가 승객들에게~ : 航空会社が乗客たちに~

→ 航空会社が乗客に~

· 선배들이 후배들을 격려하러~ : 先輩たちが後輩たちを激励しに~

→ 先輩が後輩を激励しに~

· 동대문구청 직원들이 북한산 국립공원에서~

東大門区役所の職員たちが…→ 東大門区役所の職員が…

· ○○전자가 북한 기술자들을 대상으로 태국에서 기술교육을 실시한 것으로 밝혀졌습니다.

○○電子が北朝鮮(北韓)の技術者たちを対象に…

→ ○○電子が北朝鮮(北韓)の技術者を対象に…

(6) "~的"의 생략

우리말의 "~적"이라는 표현을 그대로 일본어로 "~的"로 옮기면 한국어를 직역한 듯한 느낌을 주어 자연스럽지 못한 경우가 있으므로, 이를 피하면서 동시에 통역의 효율화도 기할 필요가 있다.

· 독자적인~ : 独自的な~ → 独自の

· 궁극적인~ : 窮極的な~ → 窮極の

· 대폭적인~ : 大幅的な~(?) → 大幅な

· 노골적인~ : 露骨的な~ → 露骨な

· 극단적인 경우 : 極端的な (?) 場合 → 極端な場合

· 공식적인 행사 : 公式的な行事 → 公式(の)行事

· 일반적으로 : 一般的に → 一般に

· 현실적인 문제로서~ : 現実的な問題として~

→ 現実問題として

· 기본적인 노선 : 基本的な路線 → 基本路線

· 법적인 제도 : 法的な制度 → 法制度

· 평화적 통일 : 平和的統一 → 平和統一

· 공통적으로 나타나는 현상은~ : 共通的に現れる現象は~

　　　　　　　　　　　 → 共通して現れる現象は~

　　　　　　　　　　　 → 共通の現象は~

· 철저한 사후관리가 필수적입니다.

　徹底した事後管理が必須的であります。→…必須であります。

· 그 특징적인 것을 지적하면~ : その特徴的なことを指摘すると~

　　　　　　　　　　　 → その特徴を指摘すると~

(7) 길지 않은 두 문장을 하나로 만들어 반복되는 공통적인 표현을 한 번만 통역함

· ~사건 제3차 공판이 오늘 서울지방법원에서 열렸습니다. 오늘 공판에서는
　○○를 비롯한 5명의 피고인들이 검찰의 신문을 받았습니다.

　　　　~事件の3回目の公判が今日、ソウル地方裁判所で開かれました。今
　　　　日の公判では ○○をはじめとする5人の被告が検察の尋問を受けまし
　　　　た。

　→ ~事件の3回目の公判が今日、ソウル地方裁判所で開かれ、○○をはじ
　　　めとする5人の被告が検察の尋問を受けました。

· 이와 같이 하악지를 lag screw로 고정합니다. 고정 완료 후 관절경시하수술
　을 하고~

　　　　このように下顎枝を lag screwで固定します。固定完了後、関節鏡視下
　　　　手術を行い~

　→ このように下顎枝を lag screwで固定した後、関節鏡視下手術を行い~

· 우리는 힘을 합쳐야 합니다. 우리는 서로 도와야 합니다.

　　　　私たちは力を合わせなければなりません。私たちは助け合わなければ
　　　　なりません。

　→ 私たちは力を合わせ、また、助け合わなければなりません。

· 장애자 A씨가 B사에 원서를 제출했습니다만, B사는 원서 접수를 거절했습

니다.

　　障害者のA氏がB社に願書を提出しましたが、B社は願書受付けを拒否
　　しました。

　→ 障害者のA氏がB社に願書を提出しましたが、受付けを拒否されました。

· 설명 드린 방식으로 실제로 설계를 해보았습니다. 설계를 해본 결과~

　　ご説明申し上げた方式で実際に設計をしてみました。設計をしてみた
　　結果~

　→ ご説明申し上げた方式で実際に設計をしてみた結果~

· 수출은 전년대비 1.1% 감소했으나, 수입은 전년대비 2.6% 증가했습니다.

　　輸出は対前年比1.1%減少しましたが、輸入は対前年比2.6%増加しまし
　　た。

　→ 輸出は対前年比1.1%減少しましたが、輸入は 2.6% 増加しました。

5. 간결화

　동시통역을 함에 있어 발화량을 줄이는 방안으로서 생략 이외 의 또
하나의 대안으로, 긴 표현을 짧게 줄이는 "간결화"가 있다. 앞서 언급한
생략과 마찬가지로 경우에 따라 간결한 표현을 함으로써 원문의 뉘앙스
와 다소 달라지기도 하지만, 원문에 지나치게 충실하게 통역하려 하다
가 오히려 중요한 부분을 놓칠 수도 있고, 또 통역의 속도가 너무 빠르
면 청자들이 듣기에도 불편할 때가 있으므로, 주요 정보의 전달에는 별
영향을 주지 않는 범위 내에서 간결하게 표현하도록 노력할 필요가 있
는 것이다.

1) 述語部의 간결화

· 전혀 의미가 없다는 평을 면치 못하고 있는 실정입니다.

　　全く意味がないという評価を免れられずにいる実情です。

→ 全く意味がないと評価されています。

· 감소한 것이 사실입니다. : 減少したのが事実です。

→ 減少しました。

· 이 점이 의문점으로 생각됩니다.

: この点が疑問点と思われます。 → この点が疑問です。

· 만일의 사태가 일어날지도 모릅니다.

: 万一の事態が起こるかも知れません。→…起こりかねません。

· 출퇴근시간대에는 2시간이나 걸려 정체가 심각한 상태입니다.

ラッシュアワーには2時間もかかって、渋滞が深刻な状態です。

→ …渋滞が深刻です。

· 고용이 안정적이지 못한 상태에 놓여 있습니다.

雇用が安定的でない状態に置かれています。

→ 雇用が不安定な状態に置かれています。

→ 雇用が不安定です。

· 적자로 전락할 가능성도 배제할 수 없습니다.

赤字に転落する可能性も排除できません。

→ 赤字に転落する可能性もあります。

→ 赤字に転落するかも知れません。

· 한국의 노사관계는 상당히 복잡한 양상을 띠고 있습니다.

韓国の労使関係は非常に複雑な様相を呈しています。

→ …非常に複雑です。

· 앞으로도 금리는 계속 하락할 것으로 전망됩니다.

今後も金利は引続き下落するものと予測されます。

→ …下落するでしょう。

· 공산품의 가격표시제가 단계적으로 폐지되게 되었습니다.

工業製品の価格表示制が段階的に廃止されることになりました。

→ …段階的に廃止されます。

· 이 방식을 도입하면 벌금도 자동적으로 청구되게 됩니다.

この方式を導入すれば、罰金も自動的に請求されるようになります。

→ …請求されます。

· ~임이 밝혀졌습니다. : ~であることが明らかになりました。

                  → ~であることがわかりました。

· ~한다는 데 의견이 일치했습니다.

    ~することで意見が一致しました。

    → ~することで一致しました。

* 이와 같은 경우 보통 일본어로도 "意見が一致しました", 혹은 "見解が一致
  しました" 등으로 표현하지만, 뉴스 보도에 있어서는 "意見が" "見解が"와
  같은 명사가 생략되고 바로 "一致しました"로 연결되는 표현도 실제로 자
  주 사용하고 있다.

· …용의자 ○○씨는 ~한 혐의를 받고 있습니다.

    ~した疑いがもたれています。

    → ~した疑いです。

· 고발이 있을 경우 수사를 벌인다는 방침을 세웠습니다.

    …捜査を行う方針を決めました。

    → …捜査を行う方針です。　→…捜査する方針です。

· 한강 수계의 오염원 발생량은 연간 740만 톤으로 전국 발생량의 40% 이상
  을 차지하는 것으로 나타났습니다.

    …40パーセント以上を占めるものと表れました(?)。

    → …4割以上を占めています。

· 여론조사 결과 투표할 생각이 없다는 응답은 4%에 불과한 것으로 나타났
  습니다.

    …4%に過ぎないことがわかりました。

    → …4%に過ぎませんでした。

· 오늘까지 선거법 위반 혐의로 구속된 사람은 112명에 달한 것으로 나타났
  습니다.

    …112人に上るものと集計されました。

    → …112人に上っています。

· 동양에서도 기본적인 원칙을 무시할 수 없고, 서양에서도 기본 원칙을 무
  시할 수 없습니다.

    東洋でも基本的な原則を無視できませんし、西洋でも基本原則を無視

できません。

→ …西洋でもそうです。

· 일본에서는 규제를 완화했으나, 한국에서는 오히려 규제를 강화했습니다.

日本では規制を緩和しましたが、韓国ではかえって規制を強化しました。

→ …韓国ではその反対でした。

2) 動詞部의 간결화

· 일본 연립여당의 대표단 일행이 오늘 서울에 도착했습니다.

…ソウルに到着しました。 → …ソウル入りしました。

· 의견의 일치를 보지 못하고~

意見の一致が見られず~ → 意見が一致せず(まとまらず)

· 많은 국가들이 적극적으로 비준을 하도록 하기 위해~

多くの国が積極的に批准するようにするため~

→ 多くの国の批准を促すため~

· 꼭 해결하지 않으면 안 되는 과제

必ず解決しなければならない課題 → 必ず解決すべき課題

· 정부는 상반기 중에는 각종 공공요금을 인상하지 않기로 했습니다.

…引き上げないことにしました。

→ …据え置くことにしました。

· 필요성이 인정되는 것을 제외하고 모두 폐지하기로 했습니다.

必要性が認められるものを除いて、全て廃止することにしました。

→ 必要性の認められないものは、全て廃止することにしました。

· 여야 영수회담은 실현을 보지 못하고~

与野党トップ会談は実現せず~

→ 与野党トップ会談は霧散し~

· 직원을 고용할 때 장애자를 우선적으로 뽑기로 했습니다.

職員を雇用する時、障害者を優先的に選ぶことにしました。

　　　　　　→ …障害者を優先することにしました。
· 공장 임대사업을 할 수 있도록 할 방침입니다.
　　　　工場賃貸事業ができるようにする方針です。
　　　→ 工場賃貸事業を許可する方針です。
· 군의 지도자들은 이번 북한의 도발행위가 계획적으로 추진되었다는 점을
　중시하고~
　　　　…計劃的に推進されたという点を重視し~
　　　→ …計劃的だった点を重視し
· 곡물 가격이 갑자기 올라서~ : 穀物価格が突然値上がりして~
　　　　　　　　　　　→ 穀物価格が急騰して~
· 중요하게 생각하다 : 重要に思う → 重(要)視する
· 조건을 받아들이다 : 条件を受け入れる → 条件をのむ
· 생각을 밝히다 : 考えを明らかにする → 考えを示す
· 의견을 교환하다 : 意見を交換する → 意見を交わす
· 지진이 발생해도 무너지지 않는 건물
　　　地震が発生しても倒れない建物 → 地震が来ても倒れない建物
· 새로운 시스템으로 전환하다 : 新しいシステムに転換する
　　　　　　　　→ 新しいシステムに換える
· 인터넷으로 자료를 전송하다 : インターネットで資料を電送する。
　　　　　　　　→ インターネットで資料を送る。
· 월드컵 공동 개최의 가능성을 모색하여~
　　…可能性を模索し~ → …可能性を探り~
· 불량품이 감소해서~ : 不良品が減少して~ → 不良品が減って
· 틀린 부분을 정정하다 : 間違った部分を訂正する
　　　　　　→ 間違った部分を直す

　바로 위의 일곱 용례에서는 유사한 의미를 갖는 동사 가운데 漢語動
詞보다 和語動詞 쪽이 음절수가 적은 예를 보여주고 있다. 단 대체로 漢
語動詞 표현은 다소 딱딱한 느낌을 주는 반면, 和語動詞는 상대적으로

부드러운 느낌을 준다는 차이점을 인식하고 이들 표현을 유효적절하게 구사해야 할 것이다.

· 자동차사업을 성공적으로 추진하기 위해서~
　　自動車事業を成功的に推進するために~
　　→ 自動車事業を成功させるために~
· 민간에게 경영을 맡기는 것이~ : 民間に経営を任せるのが~
　　　　　　　　　　　　　→ 民営化するのが~
· 양국 국민간에 우호의 기반이 튼튼히 조성되어 공존 공영의 이상을
　실현하도록~
　基盤が固く造成され → 基盤が固められ
· 외국에 가기를 희망하고 있는 사람
　　外国に行くことを希望している人
　→ 外国に行きたがっている人
· 국제적인 고립을 자초하지 않고 마음을 활짝 열고 선진문화를 적극적으로
　받아들여~
　　国際的な孤立を自ら招かないで~
　→ 国際的に孤立することなく~
· 정화시설을 가동하지 않은 채 폐수를~
　　浄化施設を稼動しないまま廃水を~
　→ 浄化施設を稼動せずに廃水を~
· 일본 고베시의 조총련계 기업이 사린가스의 원료로 쓰이는 화학물
　질을 북한에 불법 수출해온 것으로 밝혀졌습니다.
　原料として使われる化学物質 → 原料となる化学物質

3) 複合動詞를 사용한 간결화

일반적으로 複合動詞를 사용하게 되면 [副詞 + 動詞] 등으로 표현하는 것보다 간결한 표현이 되어 음절수를 줄일 수 있다. 그러나, 우리말

의 [부사 + 동사]를 직역하지 않고 하나의 복합동사로 변환한다는 것은
다른 간결화 방안보다도 어려운 고난이도에 속하므로 충분한 사전 준비
와 연습이 필요하다.

· 계속 협의하다 : 継続して協議する/引続き協議する
　　　　　　　→ 協議し続ける
· 다시 협의하다 : 再び協議する → 協議しなおす
· (계획 등을) 재수립하다
　　再び樹立する/再度樹立する → 見直す
· 서로 양보하다 : 互いに譲る → 譲り合う
　　　　　　　　互いに譲歩する → 譲歩し合う
· 끝까지 달리다 : 最終まで走る → 走り抜く
· 모두 소비하다 : 全て消費する → 消費しつくす
· 승률이 5할이 넘다(밑돌다) : 勝率が5割を越える (下回る)
　　　　　　　　　　　　→ 勝ち越す (負け越す)
· 너무 많이 먹었다 : あまりにもたくさん食べた → 食べ過ぎた
· 지나치게(너무) 빠르다 : あまりにも速い → 速過ぎる
· 거절하기 어렵다 : 断るのが難しい → 断り難い
· 사용하기 불편하다 : 使うのが不便だ → 使いにくい
· 귀중한 연료를 조금도 남기지 않고 다 써버렸습니다.
　　　貴重な燃料を少しも残さず全部使ってしまいました。
　　→ 貴重な燃料を使いはたしてしまいました。

4) 可能의 表現 및 敬語 관련 표현의 간결화

· 갈 수 있다 : 行くことができる → 行ける
· 쓸 수 없다 : 書くことができない → 書けない
· 먹을 수 있도록 : 食べることができるように
　　　　　　　→ 食べられるように

· ~임을 알 수 있습니다 : ~であることを知ることができます。
→ ~であることがわかります。

· ~대화정치를 전개하는 계기가 될 수 있을 것이라고 말했습니다.
…契機になり得るだろうと語りました。
→ …契機になるだろうと語りました。

· 저희 회사가 추진해 온 주요 사업은~
当社が進めてまいりました主要事業は~
→ 当社が進めてきた主要事業は~

일본어의 敬語 표현에 있어서 尊敬語를 사용해야 하는 상황에서 尊敬語를 사용하지 않는다면 실례가 되지만, 바로 위의 경우처럼 謙讓語는 반드시 사용을 안 해도 큰 실례가 되는 것이 아니기 때문에, 효율화에 우선순위를 두어야 하는 상황에서는 이와 같이 표현해도 무방하다고 본다.

· ~사의 사장으로 계시는…씨 : ~社の社長でいらっしゃる○○氏
→ ~社の社長の○○氏
→ ~社の○○社長

· 오시다 : おいでになる → 来られる

· 읽으시다 : お読みになる → 読まれる

· 선생님께서 생각하고 계시는~ : 先生が考えておられる~
→ 先生がお考えの~

· 여러분께서 갖고 계시는 생각 : 皆様が持っていらっしゃるお考え
→ 皆様のお考え

5) 名詞部의 간결화

· 가격 인상(인하) : 価格引上げ(引下げ) → 値上げ(値下げ)
· 지방자치단체 : 地方自治団体(?) → 地方自治体 → 自治体

· 세금 감면 : 税金の減免 → 減税
· 정치권 : 政治圏(?) → 政界
· 경제계 : 経済界 → 財界
· 주5일근무제 : 週5日勤務制(?) → 週休2日制
· 중학생과 고등학생 : 中学生と高校生 → 中高校生
· 미국에 대한 비판 : アメリカに対する批判 → 対米批判
· 중국으로의 수출 : 中国への輸出 → 対中輸出
· 바람직한 협력 방안 : 望ましい協力方策 → 協力のあり方
· 서울과 경기도 일대 : ソウルとキョンギ道一帯 → 首都圏一帯
· APEC 지역내의 국가들 : APEC地域内の国家たち(?)
　　　　　　　　　　　　→ APECの域内諸国
· 시급한 임무 : 至急の任務 → 急務
· 상당한 액수의 사례금 : 相当な額の謝礼金
　　　　　　　　　　→ 多額の(巨額の)謝礼金
· 엔화가 강세를 띠면~ : 円が強みを帯びると~(?)
　　　　　　　　　　→ 円高になると
· 제일 짧은 거리 : いちばん短い距離 → 最短距離
· 가장 나쁜 상황 : 最も悪い状況 → 最悪の状況
· 아동들이 일하는 문제 : 児童たちが働く問題
　　　　　　　　　　→ 児童労動の問題
· 원조를 요청한 나라 : 援助を要請した国 → 援助要請国
· 근소한 차이 : 僅少な差 → 僅差
· 점수 차이 : 点数の差 → 点差
· 압도적인 승리 : 圧倒的な勝利 → 圧勝
· 저렴한 금리 : 低廉な(安い)金利 → 低金利 → 低利
· 새 정책 : 新しい政策 → 新政策
· 일북한간 국교정상화회담 : 日本と北朝鮮(北韓)間の…
　　　　　　　　　　→ 日朝間の…
· 주가가 앞으로 상승하리라는 기대감
　　株価が今後上昇するだろうという期待感 → 株価の先高感

· 오늘 주가는 전 업종에 걸친 오름세를 보여~

　　今日の株価は全業種にわたって値上がりし~

　　→ 今日の株価は全面高となり~

· 10년 전에 비해 20대의 사망률은 거의 같은 수준입니다.

　　…死亡率はほぼ同じ水準です。　→ …死亡率は横這いです。

· 무엇보다도 동기를 부여하는 것이 중요합니다.

　　何よりも動機を与えることが重要です。

　　→ 何よりも動機づけが重要です。

· 새로운 제도가 옳은 것이냐 그릇된 것이냐에 대해서~

　　新しい制度が正しいものか、間違ったものかについて~

　　→ 新しい制度の是非について~

· 리더가 아무도 존재하지 않는다는 것은~

　　リーダーが誰も存在しないということは~

　　→ リーダーの不在は~

· 물론 대량생산을 하면 상대적으로 값이 저렴해집니다.

　　もちろん大量生産をすると、相対的に価格が低廉になります。

　　→ もちろん大量生産をすると、割安になります。

· 대폭적인 적자를 피할 수 없을 것으로 보입니다.

　　大幅な赤字を避けられないものと見られます。

　　→ 大幅な赤字は必至と見られます。

· 진행되고 있는 암 : 進行している癌 → 進行癌

· 생명을 연장하기 위한 조치 : 命を延長するための措置

　　　　　　　　→ 延命措置

· 5월말을 목표로 공사를 마칠 계획입니다.

　　5月末を目標に… → 5月末をメドに…

· 5%의 신장률을 기록했습니다.

　　5%の伸張率を記録しました。

　　→ 5%の伸び(率)となっています。

6) 기타 名詞部의 간결화

(1) 略語를 사용한 간결화

· 안전보장이사회 : 安全保障理事会 → 安保理
· 노동조합 : 労働組合 → 労組, 組合
· 각료회의 : 閣僚会議 → 閣議
· 임금인상 : 賃金引上げ → 賃上げ
· 이익증가 : 利益増加 → 増益
· 수입감소 : 収入減少 → 減収
· 중국방문 : 中国訪問 → 訪中
· 고위관리 : 高位官吏(?) → 高官
· 유행성감기 : 流行性感冒 → インフルエンザ → 流感
· 외환 : 外国為替 → 外為(がいため)
· (일본의)외국환 및 외국무역관리법
　　　外国為替及び外国貿易管理法 → 外為法(がいためほう)
· 노동자재해보상보험 : 労働者災害補償保険 → 労災保険
· 화학섬유 : 化学繊維 → 化繊
· 판매촉진 : 販売促進 → 販促
· 공동개최 : 共同開催 → 共催
· 근로시간단축 : 勤労(労働)時間短縮 → 時短
· 개발도상국 : 発展(開発)途上国 → 途上国
· ~지방검찰청 : ~地方検察庁 → ~地検
· 에너지 절약 : エネルギー節約 → 省エネ
· 성희롱 : 性的いやがらせ/セクシュアル・ハラスメント
　　　　→ セクハラ
· 여사무원 : 女子事務員/オフィスレディー → オーエル
· 무선호출기 : 無線呼び出し器 → ポケットベル → ポケベル
· 번역소프트웨어 : 翻訳ソフトウェア → 翻訳ソフト

· 아마추어 스포츠 : アマチユア・スポーツ → アマスポーツ
· 관세 및 무역에 관한 일반 협정
  関税及び貿易に関する一般協定 → ガット
· 양도성예금증서 : 譲渡性預金証書 → CD
· 국제원자력기구 : 国際原子力機関 → IAEA
· 국제통화기금 : 国際通貨基金 → IMF

이를테면, "아이엠에프"라고 했을 때 "アイエムエフ"라고 일본어로 옮기는 것은 쉬우나, "국제통화기금"이라고 했을 때 순간적으로 "アイエムエフ"가 나오도록 하기 위해서는 첫째, 평소부터 이와 같은 많은 略語를 알고 있어야 하고, 둘째, 알고 있는 略語를 실제 동시통역 상황에서 도착어로 구사할 수 있을 만큼의 순발력이 있어야만 효율화가 가능하다.

(2) 외래어 관련 표현의 간결화

· 초국경화 추세 : 超国境化の趨勢 → ボーダレス化
· 사업재편성 : 事業再編成 → リストラ
· 파업권을 얻기 위한 파업 : スト権スト
· 봉급생활자 : 俸給生活者 → サラリーマン
· 최고경영자 : 最高経営者 → トップ
· 범지구적인 : 汎地球的な → グローバルな
· 외국으로부터 국내를 방문하는 여행자
  外国から国内を訪問する旅行者 → インバウンド
· 국내로부터 외국으로 나가는 여행자
  国内から外国に出て行く旅行者 → アウトバウンド
· 다시 (같은 곳을) 방문하는 여행자
  再び(同じ所を)訪問する旅行者 → リピーター
· 자동차를 탄 채 이용할 수 있는 은행

自動車に乗ったまま利用できる銀行 → ドライブスルー銀行
· 사린가스 제조공장 : サリンガス製造工場
　　　　　　　　　　　　 → サリンプラント
· 아마추어무선 : アマチュア無線 → ハム
· 제조업체 : 製造業者 → メーカー
· 감지장치 : 感知装置 → センサー
· 건물 : 建物 → ビル
· 설계상의 잘못 : 設計上の過ち → 設計上のミス
· 현대적인 : 現代的な → モダンな
· 입국사증 : 入国査証 → ビザ

현대 일본어에 있어서는 외래어가 너무나도 많이 침투하여 그것은 이미 외국어가 아니라 일본어의 일부인 것처럼 느껴지고 또 사용되고 있다. 위의 용례 중에도 같은 뜻의 일본어보다 빈번하게 쓰이는 외래어가 많은데, 그러한 경우에는 외래어를 사용하는 것이 오히려 일본어다운 자연스러운 표현이 되며, 동시에 음절도 줄어 통역의 효율화를 기할 수 있다. 다만, 아래에 제시한 예처럼 일본어가 외래어보다 음절수가 적은 경우도 물론 있다.

· 이데올로기적 대립 : イデオロギー的対立 → 理念的対立
· 글로벌라이제이션 : グローバリゼーション → グローバル化
· 뉴클리어 엄브렐러 : ニュークリア・アンブレラ → 核の傘
· 유통네트워크 : 流通ネットワーク → 流通網

(3) 직함 표현의 간결화

· 국무총리 : 国務総理 → 首相
· 재무부장관 : 財務部長官 → 蔵相
· 법무부장관 : 법무부장관 → 法相

· 외무부장관 : 외무부장관 → 外相
· (미) 무역대표부 대표 : 通商代表部代表 → 通商代表
· 연구원장직을 맡고 계시는 다나카박사님께~
　　　研究院長を勤めていらっしゃる田中博士に~
　　→ 田中研究院長に~
· 나까무라조사부장에게 질문 드리겠습니다.
　　　中村調査部長に質問いたします。
　　→ 中村さんに質問いたします。

7)「こ~・そ~」등 지시어를 사용한 간결화

앞에서 이미 여러 번 거론되어 청자가 무엇을 가리키는지 충분히 아는 용어나 사실에 대해서는「こ~・そ~」등 지시어를 사용해서 원문보다 훨씬 간결한 표현을 할 수 있다.

· 고충 1회 방문처리제도 : 苦情1回訪問処理制度 → この制度
· 보스니아 헤르체고비나에서는 : ボスニア・ヘルツェゴビナでは
　　　　　　　　　　　→ この地域では
· 신호공단은 그 넓이가 94만 평이며, 김해공항은 신호공단의 북쪽에 위치하고 있습니다.
　　　シンホ工業団地は、その広さが94万坪で、キムへ空港はシンホ工業団地の北側に~
　　→ …その北側に~
· 이와 같은 사실은 : このような事実は → これは
· 그 원인은 (~이기 때문이다) : その原因は~ → それは
· 일본학생에게 있어서는 국내에서의 수학여행경비보다 한국으로의 수학여행경비가 저렴하므로~ : 修学旅行経費 → それ
· 한국대학교육협의회는 오늘 전국 145개 대학의 내년도 입시요강을 발표했습니다. 이번 입시요강에 따르면~

…今度の入試要綱によると〜 → …それによると〜
· 제25회 환경의 날 행사는〜
  第25回環境の日の行事は〜 → この行事は

8) 修飾語(句、節)의 간결화

(1) 連用修飾語의 간결화

· 머지않아 : 遠からず → 近く
· 가능한 한 : 可能な限り → できるだけ
· 바꾸어 말하자면, 다시 말해서 : 言い換えると → つまり
· 그 예를 들자면 : その例をあげると → 例えば
· 과거 그 어느 때보다도 : 過去のいつにも増して
                      → これまでになく → かつてなく
· 모든 기업이 경쟁적으로 세계화를 추진하고 있습니다.
   競争的に → 競って
· 이것을 어떻게 발전시켜 나가느냐가〜 : どのように
                      → いかに
· 빠른 시기에 : 早い時期に → 早急に / 早期に
· 현재의 상황 하에서는 : 現在の状況の下では
                      → 現状況下では
· 좋든 싫든 세금을 내야 합니다 : 好むと好まざるとに関わらず〜
                      → いやでも〜
· 경비를 절약할 것을 목적으로〜 : 経費を節約することを目的に〜
                      → 経費を節約するために〜
· 국제화하지 않는 기업은 크든 작든 살아남을 수 없게 되었습니다.
       大きい会社であれ、小さい会社であれ
   → その規模を問わず → 全て
· 북한의 의도는 한국을 제외하고 미국과 직접 협의하자는 데에 있는 것으로

보입니다.

   ~ 韓国を除外してアメリカと直接協議しようと~

  → ~ 韓国の頭越しにアメリカと協議しようと~

· 우리나라 사람은 왜 그런지 모르겠습니다만, 지연을 지나치게 중요시합니다.

   韓国人はどうしてそうなのか知りませんが~

  → 韓国人はなぜか~

· 소규모 인원으로 태스크 포스 팀을 구성하기로 했습니다.

   小規模の人員でタスクフォースチームを~

  → 少人数でタスクフォースチームを~

(2) 連體修飾語의 간결화

· 지난번 회의 : この前の会議 → 先の会議
· 그 가운데 일부 : そのうちの一部 → その一部
· 매월 세 번째 일요일 : 毎月3番目の日曜日 → 毎月第3日曜日
· 필요 없는 과정 : 必要のない課程 → 不必要な課程
· 합리화하지 않으면 안 되는 필요성이 여기에 있습니다.

   合理化しなければならない必要性がここにあります。

  → 合理化の必要性がここにあります。

· 작년보다 20% 증가한 9억 7천만 달러를~

   去年より20%増加した9億7千万ドルを~

  → 去年より20%増の9億7千万ドルを~

· 양국의 정면대결 양상으로 치닫고 있는 박람회 개최국 결정이~

   両国の正面対決の様相を呈している…

  → 両国の一騎打ちとなっている…

· 그다지 많지 않은 양이지만~ : あまり多くない量ですが~

                → 少ない量ですが~

· 아시아의 꽤 많은 나라들이~ : アジアのかなり多くの国々が~

→ アジアの大部分の国が～

· 정치자금을 기부하고자 할 때는～

政治資金を寄付しようとする時は～

→ 政治資金を寄付する時は～

· 엔화를 팔고 달러화를 사들이는 움직임이～

円を売ってドルを買い入れる動きが～

→ 円売りドル買いの動きが～

· 시중에서 판매되고 있는～ : 市中で販売されている～

→ 市販されている～

· 강도 살인 사건을 저지른 혐의로～

強盗殺人事件を犯した疑いで～

→ 強盗殺人の疑いで～

· 최근 심각한 사회문제로 떠오르고 있는～

最近深刻な社会問題として浮かび上がっている～

→ 最近深刻な社会問題となっている～

· 1리터당 7킬로 밖에 달리지 못하는 차는～

1リットル当たり7キロしか走れない車は～

→ 燃費が7キロに過ぎない車は～

9) [名詞 + 助詞]를 사용한 간결화

· 비 오는 날 : 雨の降る日 → 雨の日
· 아시아에서 나타나고 있는 변화 : アジアで現れている変化

→ アジアの変化

· 2001년 11월을 기준으로 한 통계에 따르면～

2001年11月を基準にした統計によると～

→ 2001年11月基準の統計によると～

· 판문점에서 근무하는 경비병들

板門店で勤務する警備兵 → 板門店の警備兵

· 중국은 러시아에 대해 위협이 되지 않고 있고~

　　中国はロジアに対して脅威になってあらず~

　→ 中国はロジアの脅威になってあらず~

· 문제 해결을 위한 열쇠 : 問題解決のためのカギ

　　　　→ 問題解決のカギ

· 카네기재단이 주최하는 세미나(에서~할 예정입니다.)

　　カーネギー財団が主催するセミナー(で~する予定です。)

　→ カーネギー財団主催のセミナー

· 북경에서 열린 회담(에서~했습니다.)

　ペキンで開かれた会談(で~しました。) → ペキンでの会談

　바로 위의 두 경우, 간결화한 수식어만으로는 시제를 알 수 없으나 서술어 부분의 시제에 의해서 "主催した"가 아니라 "主催する", 또 "開かれる"가 아니라 "開かれた"임을 알 수 있다.

· 아시아에 있어서도 : アジアにおいても → アジアでも

· 대도시에 있어서는 : 大都市においては → 大都市では

· 아버지한테서 온 편지 : 父から送られて来た手紙

　　　　　→ 父からの手紙

· 새로운 것에 대한 도전 : 新しいものに対する挑戦

　　　　　→ 新しいものへの挑戦

· 부하에 대한 부탁 : 部下に対するお願い → 部下へのお願い

· 보건복지부는 암의 실태에 대해 전국 37개 대학병원을 대상으로 조사를 실시했습니다.

　大学病院を対象に → 大学病院で

· 최첨단의 기술을 가지고 통신사업에 참여했습니다.

　最先端の技術をもって… → 最先端の技術で…

· 수도권 지역을 대상으로 사용하던 채널을~

　　首都圏地域を対象に使用していたチャンネルを~

→ 首都圏で使用していたチャンネルを～

· 이 요법에 대해서 관심이 없는 사람은～

この療法に対して関心のない人は～

→ この療法に関心のない人は～

· 동 협회가 회원을 대상으로 행한 설문조사에서～

同協会が会員を対象に行ったアンケートで～

→ 同協会が会員に行ったアンケートで～

· 사건이 발생한지 13개월만에 열린 오늘 재판은～

事件が発生して13か月ぶりに開かれ今日の裁判は～

→ 事件発生から13か月ぶりに…

· 어떤 방법을 동원해도 불가능한～ : どんな方法を動員しても不可能な～

→ どんな方法でも不可能な～

· ac는 수술 후 12개월이 경과되면 약 0.8밀리로 감소합니다.

12か月経過すれば → 12か月で

· 술전 19.1도였던 것이 술후 21.2도로 변화했습니다.

術前19.1度だったのが、術後21.2度に変化しました。

→ 術前19.1度から術後21.2度に変化しました。

· 시운전을 위해 필요한 전력 : 試運転のために必要な電力

→ 試運転に必要な電力

· 빠르면 이번 주말에 : 早ければ今週の末に → 今週末にも

10) 接續部의 간결화

두 문장 또는 두 표현의 接続部에 있어서도 조금만 연구하면 간결화
의 여지를 발견할 수 있다.

· 그뿐만 아니라 : それだけでなく → さらに/また
· 그에 덧붙여 : それに加えて → 加えて/さらに
· 서울 및 부산에서는～ : ソウルおよびプサンでは～

　　　　　　　→ ソウルとプサンでは～
· ～했습니다만, ～ : ～したんですけれども → ～したんですが
· 상품이 풍부하면서도 또 동시에 저렴한～

　　　　商品が豊富であり、また同時に低廉な～

　　→ 商品が豊富かつ低廉な～
· 즉시 조치를 취했음에도 불구하고 결과는 좋지 않았습니다.

　　　　直ちに措置を取ったにも拘わらず、結果は良くありませんでした。

　　→ 直ちに措置を取ったものの、…
· 이 가운데 제조업이 754개 회사로 52%이고, 이어서 서비스업이 312개 회사
로～

　　　　この内製造業が754社で52%であり、次いで…

　　→ この内製造業が754社で52%、次いで…

11) 숫자 관련 표현의 간결화

· 20개 회사 : 20の会社 → 20社
· 16개 대학 : 16の大学 → 16校
· 1미터 80센티 : 1メートル80センチ → 1.8メートル
· 음속의 2배의 속도 : 音速の2倍のスピード → マッハ2
· 11군데 회의장 : 11か所の会議場 → 11の会議場
· 과반수 이상의 찬성으로～ : 過半数以上の賛成で～

　　　　　　　→ 賛成多数で
· 서울은 오늘 현재 47명 정원에 224명이 등록해 <u>4.7대 1의 경쟁률</u>을 보이
고～

　　4.7対1の競争率 → 4.7倍の競争率
* 보통 경쟁률을 이야기할 때 '～対1'보다 '～倍'라는 표현을 사용한다.
· 1월부터 6월까지 : 1月から6月まで → 上半期
· 1월부터 3월까지 : 1月から3月まで → 第1四半期
· 4월 30일부터 5월 2일까지 : 4月 30日から5月 2日まで

→ 4月 30日から 3日間
· 20여% : 20パーセント余リ → 2割強
· 85,236명 : 85,236人 → 約85,000人
* 일본의 보도프로 등에서는 「約」와 「百」의 발음이 비슷하다는 이유로 특히
숫자 앞에서는 「約」를 사용하지 않고 「およそ」로 표현하는 것이 원칙이지
만, 방송이 아닌 회의통역에서는 청자가 혼동되지 않도록 발음에 유의하여
「約」로 표현해도 무방하다.

6. 정리

한-일 동시통역을 함에 있어서, 원고가 있는 경우든 없는 경우든 여러
가지 방법의 효율화가 가능하다는 것을 확인하였다. 물론 효율화(효율
적인 통역)를 하지 않았다고 해서 그것이 비효율적인 통역이라는 의미
는 아니지만, 연사의 발화가 빠른 경우, 특히 일-한 동시통역보다 한-일
동시통역에 있어서는 효율화의 필요성이 더욱 크다고 할 수 있다.
연사의 말이 상당히 빠름에도 불구하고 이와 같은 효율화에 신경을
쓰지 않는다면, 통역사는 연사보다 훨씬 더 빠른 속도로 발화를 계속해
야 하고, 또 그렇게 따라가기에 급급하다 보면 청취·이해와 변환 과정
에서 실수를 범할 가능성이 커지며, 자신의 발화 내용에 대한 체크와 수
정도 어려워진다. 그 결과 최악의 경우에는 연사와 통역사간의 발화 시
차가 너무 많이 벌어져 문장을 제대로 끝맺지 못하거나 중요한 정보를
통역하지 못하는 사태까지 일어날 수 있다. 즉, 악순환이 계속될 수도
있다는 것이다.
반면, 효율화에 신경을 쓰고 그것이 어느 정도 궤도에 오르면 동시통
역의 모든 과정에 있어 여유가 생기게 되고, 다음 표현의 효율화도 그만
큼 쉬워지며 청자들이 듣기에도 편안한 속도를 유지할 수 있어 선순환
이 계속된다.

그러나, 이상과 같은 내용을 이해만 한다고 해서 문제점이 해결되는 것이 아니다. 실제로 통역의 현장에서 갑자기 어떤 연사가 말을 빨리 했을 경우, 바로 그 자리에서 간결한 표현으로 효율적인 통역을 하기는 불가능하다. 따라서, 특별히 말이 빠른 연사가 아니더라도 평소 때부터 도착어의 잉여적 표현을 줄여 효율적인 통역을 위한 연습을 해 둘 필요가 있다.

또한, 과장급 정도의 공무원이나 기업 간부들은 평소에 빠른 말투로 브리핑을 하는 습관이 있기 때문에, 국제회의와 같은 자리에서 발언할 때도 그 습관이 그대로 나타나는 경우가 많다. 따라서, 이에 대비하기 위해서는 미리 원고가 나와 있는 경우에도 간결한 표현으로 통역하도록 준비할 필요가 있다.

방송에 있어서의 뉴스 통역 역시 대부분의 아나운서는 한-일 동시통역을 하기에는 말이 빠르며, 원고의 내용도 정보의 밀도가 아주 높은 편이기 때문에 간결한 표현을 하지 않으면 안 되는 경우가 많다.

그리고 여기서는 크게 "생략"과 "간결화"로 나누어 효율화의 유형은 거의 망라했다고 할 수 있으나, 제시된 예문들은 어디까지나 효율화의 일부 사례에 불과하다. 실제로는 이보다 훨씬 더 많은 효율화의 실례가 거의 무한대로 존재한다고 해도 과언이 아닐 것이므로, 각 통역사가 수시로 효율화의 구체적 사례를 찾아내기 위한 노력을 계속해야 한다고 본다.

또한, 반대로 여기서 제시한 것과 같은 표현이라 할지라도, 상황에 따라서는 똑같이 "생략" 내지는 "간결화"가 불가능한 경우도 있고, 효율화의 부작용이나 역기능이 우려되어 오히려 효율화를 하지 않는 것이 나은 경우도 있으므로, 이 점에 관해서는 통역사 개개인의 현명한 판단이 요구된다고 하겠다.

끝으로, 일반적으로 우리가 TV나 라디오의 뉴스 등을 들을 때, 발음이 정확하고, 포즈를 적절하게 두고, 매끄럽게 읽어 내려가는 아나운서의 말은 이해하기 쉬운 반면, 그렇지 못한 아나운서는 그보다 더 천천히 읽는다 하더라도 내용을 이해하기가 어렵다. 이러한 점을 감안하여, 각 통역사들도 자신이 통역한 내용을 테이프에 녹음하여 청자의 입장이 되어서 과연 얼마나 듣기 편하고 이해가 잘되는지 체크해 볼 필요가 있다. 그와 같은 작업을 여러 차례 해 본 다음 이해하는 데 지장이 없는 범위 내에서 최대한으로 빨리 발화할 수 있는 속도를 감으로 익히고, 실제로 통역할 때 그 속도를 초과하지 않도록 주의하면 통역의 효율화는 상당한 효과를 발휘할 수 있을 것이다.

주

1) 『뉴스위크 한국판』, 1996.5.15, p.60, "毛사상의 메카 다자이도 변했다"와 『ニュ-ズウイ-ク日本版』, 1996.5.15, p.24, "「模範村」の大変身"
2) 박 희태, 「한일 양어의 음운 및 음성학적 대조 고찰」, 『한국외국어대학교 논문집 제26집』 (1993), p187

참 고 문 헌

고경화, 『韓国人による日本語アクセントの傾向についての実体調査 一
　　　　ソウル・釜山・光州地方の大学日本語課程の学生を対象として』,
　　　　(한국외국어대학교 교육대학원 석사학위논문:1988)

김기혁, 『국어학-분석・분류・생성』, (서울:도서출판 박이정,2001)

남기심・고영근, 『표준국어문법론(개정판)』, (서울:탑출판사,1998)

남태현, 『실무자를 위한 새 한글 맞춤법』, (서울:연암출판사,1992)

민광준, 「일본어 의문문 인토네이션의 생성과 지각-한국인 일본어 학습
　　　　자를 대상으로 하여」, 『日語日文学研究제22집』(1993)

박용일, 『日・韓両語における複合動詞表現の対照研究』, (한국외국어대
　　　　학교 대학원:2000)

박희태, 「한일 양어의 음운 및 음성학적 대조 고찰」, 『한국외국어대학교
　　　　논문집 제26집』, (1993)

양원석, 「韓・日両国語의 声調比較研究」, 『日語日文学研究제2집』, 韓国
　　　　日語日文学会(1981)

오영은, 「韓日漢字語의 比較対照」, 『日語日文学研究제8집』 韓国日語日
　　　　文学会(1986)

이상희, 「동시통역과 언어의 잉여성-한・영 동시통역을 중심으로」, 『통

역대학원 논문집 제1집』, (1985)

이태형,『영한 동시통역의 심리언어학적 분석』, (한양대학교 대학원 박
　　　사학위논문:1995)

이현복,「現代韓国語의 Accect」,『문리대학보』, 서울대학교(1973)

이형재,「한국인 일본어 학습자의 발음 습득 연구 -유성·무성 파열음을
　　　중심으로-」,『日本語文学 第9輯』韓国日本語文学会(2000)

이호영,『현대한국어의 악센트에 관한 연구』, (서울대학교 대학원 석사
　　　학위논문:1987)

정인섭,「우리말 악센트는 고저악센트다」,『중앙대학교 논문집』, (1965)

鄭恵卿,「韓国人の日本語学習における外来語表記の問題」,『日本語教育
　　　学会 87号』, (1995)

崔光佑,「日本語アクセントの考察 -音声教育の必要性より-」,『研究論文
　　　集』, 蔚山工科大学(1982)

홍사만,『한·일 대조어학 논고』, (서울:搭出版社,1985).

石野博史,『現代外来語考』, (大修館:1983)

大坪一夫,「音声教育の問題点」,『講座日本語と日本語教育』, (明治書
　　　院:1990)

川口義一,『発音と聴解の指導 - 上級レベルでの問題点 - (講座　日本語教
　　　育 第20分冊)』, (早稲田大学語学研究所:1984)

金田一春彦,『国語アクセントの史的研究』, (岩波書店:1981)

金田一春彦,『日本語新版』, (岩波書店:1993)

国立国語研究所,『日本語教育指導参考書7 中·上級の教授法』, (1980)

小森法孝,『日本語アクセント教室』, (新水社:1987)

酒井裕,『音声アクセント·クリニック』, (凡人社:1992)

人名仮名表記字典編輯委員会編,『韓国·朝鮮人名仮名表記字典』, (ブレ
　　　ーンセンター:1984)

杉藤美代子編, 『講座日本語と日本語教育』, (明治書院:1990)

田代晃二, 『日本語アクセント教習本』, (創元社:1972)

文化庁, 『日本語教育指導参考書Ⅰ 音声と音声教育』, (1981)

水谷修, 「外国語としての日本語」, 『ことばシリーズ10 日本語の特色』, (文化庁:1981)

『カタカナ語・欧文略語辞典』, (集英社:1997)

『カタカナ新語辞典』, (学習研究社:1987)

『カタカナ語の辞典』, (小学館:1994)

『角川最新国語辞典』, (角川書店:1989)

『韓国・北朝鮮の地名表記の手引き』, (NHK放送総局:1994)

『外来語の表記』, (内閣告示第2号:1991.6.28)

『日本語発音アクセント辞典(改訂新版)』, (日本放送出版協会:1983)

『明解日本語アクセント辞典(第二版)』, (三省堂:1983)

한일 통역과 번역

초판 1쇄 • 2003년 2월 25일
초판 2쇄 • 2004년 1월 30일
초판 3쇄 • 2005년 7월   5일
초판 4쇄 • 2006년 9월   5일
초판 5쇄 • 2009년 3월   5일
초판 6쇄 • 2012년 2월 28일
초판 7쇄 • 2017년 3월 30일

지은이 • 김 한 식
발행인 • 김 진 수
발행처 • **한국문화사**
주소 • 서울특별시 성동구 광나루로 130 서울숲IT캐슬 1310호
전화 • 02-464-7708
팩스 • 02-499-0846
e-mail: munhwasa@hanmail.net
Homepage: hankookmunhwasa.co.kr
등록번호 • 제2-1276호
등록일 • 1991년 11월 9일

◆ 잘못된 책은 교환해 드립니다.
가격 9,000원

ISBN 978-89-5726-002-9 93700